全周期管理与治理现代化

邓社民 著

Life Cycle Management
and Modernization
of Governance

人民日报出版社
北 京

图书在版编目（CIP）数据

全周期管理与治理现代化 / 邓社民著 . — 北京：人民日报出版社，2022.5

ISBN 978-7-5115-7326-1

Ⅰ.①全… Ⅱ.①邓… Ⅲ.①社会管理－中国－干部教育－学习参考资料 Ⅳ.① D63

中国版本图书馆 CIP 数据核字（2022）第 054831 号

书　　名：	全周期管理与治理现代化 QUANZHOUQI GUANLI YU ZHILI XIANDAIHUA
著　　者：	邓社民
出 版 人：	刘华新
责任编辑：	高　亮　季　玮
版式设计：	九章文化
出版发行：	人民日报出版社
社　　址：	北京金台西路 2 号
邮政编码：	100733
发行热线：	（010）65369527　65369846　65369509　65369510
邮购热线：	（010）65369530　65363527
编辑热线：	（010）65369523
网　　址：	www.peopledailypress.com
经　　销：	新华书店
印　　刷：	大厂回族自治县彩虹印刷有限公司
法律顾问：	北京科宇律师事务所　010-83622312
开　　本：	710mm×1000mm　1/16
字　　数：	192 千字
印　　张：	16
版次印次：	2022 年 6 月第 1 版　2022 年 6 月第 1 次印刷
书　　号：	ISBN 978-7-5115-7326-1
定　　价：	49.00 元

前　言

2019年10月31日中国共产党第十九届中央委员会第四次全体会议通过《中共中央关于坚持和完善中国特色社会主义制度推进国家治理体系和治理能力现代化若干重大问题的决定》(以下简称《决定》),提出了国家治理、社会治理、超大城市治理和城乡基层治理新格局三位一体的治理理念和思路。在国家治理方面,《决定》确定的国家治理体系和治理能力现代化总体目标是:到我们党成立一百年时,在各方面制度更加成熟更加定型上取得明显成效;到二〇三五年,各方面制度更加完善,基本实现国家治理体系和治理能力现代化;到新中国成立一百年时,全面实现国家治理体系和治理能力现代化,使中国特色社会主义制度更加巩固、优越性充分展现。世界正经历百年未有之大变局,我国正处于实现中华民族伟大复兴的关键时期,坚持和完善中国特色社会主义制度、推进国家治理体系和治理能力现代化的总体要求是顺应时代潮流,适应我国社会主要矛盾变化,统揽伟大斗争、伟大工程、伟大事业、伟大梦想,不断满足人民对美好生活新期待,战胜前进道路上的各种风险挑战。为了应对前进道路上的各种挑战,应当做到两个必须、两个坚持和一个加强,即必须在坚持和完善中国特色社会主义制度、推进国家治理体系和治理能力现代化上下更大功夫;必须坚持以马克思列宁主义、毛泽东思想、邓小平理论、"三个代表"重要思想、科学发展观、习近平新时代中国特色社会主义思想为指导,增强"四个意识"，坚定"四个自信"，做到"两个维护"。坚持党的领导、人民当家作主、依法治国有机统一；坚持解放思想、实事求是，坚持改革创新，突出坚持和完善支撑中国特色社会主义制度的根本制度、基本制度、重要制度，着力固根基、扬优势、补短板、强弱项，构建系统完备、科学规范、运行有效的制度体系。加强系统治理、依法治理、综合治理、源头治理，把我国制度优势更好转化为国家治理效能，为实现中华民族伟大复兴的中国梦提供有力保证。

在社会治理方面，《决定》提出了共建共治共享的社会治理的宏伟蓝图和基本遵循。社会治理是国家治理的重要方面。必须加强和创新社会治理，完善党委领导、政府负责、民主协商、社会协同、公众参与、法治保障、科技支撑的社会治理体系，建设人人有责、人人尽责、人人享有的社会治理共同体，确保人民安居乐业、社会安定有序，建设更高水平的平安中国。2020年11月《中共中央关于制定国民经济和社会发展第十四个五年规划和二〇三五年远景目标的建议》提出，完善社会治理体系，健全党组织领导的自治、法治、德治相结合的城乡基层治理体系，完善基层民主协商制度，实现政府治理同社会调节、居民自治良性互动，建设人人有责、人人尽责、人人享有的社会治理共同体。发挥群团组织和社会组织在社会治理中的作用，畅通和规范市场主体、新社会阶层、社会工作者和志愿者等参与社会治理的途径。2020年12月中共中央印发的《法治社会建设实施纲要2021-2025》提出，全面提升社会治理法治化水平，依法维护社会秩序、解决社会问题、协调利益关系、推动社会事业发展，培育全社会办事依法、遇事找法、解决问题用法、化解矛盾靠法的法治环境，促进社会充满活力又和谐有序。

在基层社会治理方面，《决定》提出了构建基层社会治理新格局。完善群众参与基层社会治理的制度化渠道。健全党组织领导的自治、法治、德治相结合的城乡基层治理体系，健全社区管理和服务机制，推行网格化管理和服务，发挥群团组织、社会组织作用，发挥行业协会商会自律功能，实现政府治理和社会调节、居民自治良性互动，夯实基层社会治理基础。加快推进市域社会治理现代化。推动社会治理和服务重心向基层下移，把更多资源下沉到基层，更好提供精准化、精细化服务。注重发挥家庭家教家风在基层社会治理中的重要作用。加强边疆治理，推进兴边富民。2020年11月《中共中央关于制定国民经济和社会发展第十四个五年规划和二〇三五年远景目标的建议》提出，推动社会治理重心向基层下移，向基层放权赋能，加强城乡社区治理和服务体系建设，减轻基层特别是村级组织负担，加强基层社会治理队伍建设，构建网格化管理、精细化服务、信息化支撑、开放共享的基层管理服务平台。2020年12月中共中央印发的《法治社会建设实施纲要2021—2025》提出，深化城乡社区依法治理，在党组织领导下实现政府治理和社会调节、居民自治良性互动。区县职能部门、乡镇政府（街道办事处）按照减负赋能原则，制定和落实在社区治理方面的权责清单。健全村级议事协商制度，鼓励农村开展村民说事、民情恳谈等活动。实施村级事务阳光工程，完善党务、村务、财务"三公开"制度，梳理村级事务公开清单，推广村级事务"阳光公开"监管平台。开展法治乡村创建活动。加强基层群众性自治组织规范化建设，修改城市居民委员会组织法和村民委员会组织法。全面推进基层单位依法治理，企业、学校等基层单位普遍完善业务和管理活动各项规章制度，建立运用法治方式解决问题的平台和机制。

在城市治理方面，《决定》要求优化行政区划设置，提高中心城市和城市群综合承载和资源优化配置能力，实行扁平化管理，形成高效率组织体系。在超大城市治理方面，必须创新思路推动城市治理体系和治理能力现代化，树立"全周期管理"意识，努力探索超大城市现代化治理新路子。在当前我国国家治理中，随着城镇化率不断提高，形成了一批超大城市，为超大城市治理带来了诸多挑战和困难。突如其来的新冠肺炎疫情，是对我国国家治理体系和治理能力现代化的一次大考。在以习近平同志为核心的党中央坚强领导下，常态化疫情防控和经济社会发展"双统筹"稳步走向"双胜利"，彰显"中国之治"

生动实践和显著优势。如何推动超大城市治理体系和治理能力现代化是新时代坚持和完善中国特色社会主义制度、推动国家治理体系和治理能力现代化重大课题。习近平总书记2020年3月10日在赴湖北省武汉市考察新冠肺炎疫情防控时表示，要着力完善城市治理体系和城乡基层治理体系，树立"全周期管理"意识，努力探索超大城市现代化治理新路子。2020年10月14日，习近平总书记在深圳经济特区建立40周年庆祝大会上的讲话中提出，创新思路推动城市治理体系和治理能力现代化。经过40年高速发展，深圳经济特区城市空间结构、生产方式、组织形态和运行机制发生深刻变革，面临城市治理承压明显、发展空间不足等诸多挑战。要树立全周期管理意识，加快推动城市治理体系和治理能力现代化，努力走出一条符合超大型城市特点和规律的治理新路子。要强化依法治理，善于运用法治思维和法治方式解决城市治理顽症难题，让法治成为社会共识和基本准则。要注重在科学化、精细化、智能化上下功夫，发挥深圳信息产业发展优势，推动城市管理手段、管理模式、管理理念创新，让城市运转更聪明、更智慧。2020年11月《中共中央关于制定国民经济和社会发展第十四个五年规划和二〇三五年远景目标的建议》提出，加强和创新市域社会治理，推进市域社会治理现代化。2020年12月中共中央印发的《法治社会建设实施纲要2021-2025》提出，推进市域治理创新，依法加快市级层面实名登记、社会信用管理、产权保护等配套制度建设，开展市域社会治理现代化试点，使法治成为市域经济社会发展的核心竞争力。

"提高城市治理水平，加强特大城市治理中的风险防控。""加强和创新社会治理。完善社会治理体系，健全党组织领导的自治、法治、德治相结合的城乡基层治理体系，完善基层民主协商制度，实现政府治理同社会调节、居民自治良性互动，建设人人有责、人人尽责、人人享有的社会治理共同体。发挥群团组织和社会组织在社会治理中的作用，畅通和规范市场主体、新社会阶层、社会工作者和志愿者等参与社会治理的途径。推动社会治理重心向基层下移，向基层放权赋能，加强城乡社区治理和服务体系建设，减轻基层特别是村级组织负担，加强基层社会治理队伍建设，构建网格化管理、精细化服务、信息化支撑、开放共享的基层管理服务平台。加强和创新市域社会治理，推进市域社会治理现代化。"① "加快建立健全社会领域法律制度，完善多层次多领域社会规范，强化道德规范建设，深入推进诚信建设制度化，以良法促进社会建设、保障社会善治。"②

因此，要实现超大城市和城乡基层社会治理体系和治理能力现代化，就必须树立全周期管理意识、系统思维意识和法治思维意识，在此前提下，尽快补齐城市治理方面的短板，推进理念创新和思路创新，强化依法治理，夯实基层治理，努力构建共建共治共享的多元一体治理新格局，建立聪明的智慧化城市，应对传统和非传统风险对城市的威胁和破坏。

本书以全周期管理为逻辑起点，界定了全周期管理和全周期管理意识的基本含义、科学性以及树立全周期管理意识在超大城市治理方面的意义；分析了我国超大城市治理中存在的问题和风险，提出加强和创新共建共治共享城市社会治理的新格局，即超大城市治理必须树立全周期管理意识，打造一体化疾病预防控制体系和公共卫生防护体系，完善公共卫生和突发事件信息的预警和发布机制，充分发挥媒体、专业机构和人员的作用，构建多元一体的全民参与的治理模式。城乡基层治理的核心是建立多元主体参与、运行有效的治理体系，利用大数据加强疾病常态化预防和构建疾病救治体制机制，加强疫情防控的国际合作抵御非传统安全风险，践行人类命运共同体理念等观点，期望我国在超大城市和城乡基层治理中，树立全周期管理意识，科学应对各种传统和非传

---

① 《中共中央关于制定国民经济和社会发展第十四个五年规划和二〇三五年远景目标的建议》。

② 《法治社会建设实施纲要（2021–2025）》，2020年12月7日新华社发布。

统风险与挑战，推进国家治理体系和治理能力现代化，使容纳大多数人的城市更加科学化、更加人性化和智能化、更加法治化和文明化，让城市成为人民群众安居乐业、创造创新的乐园，为中华民族伟大复兴的中国梦的实现提供广阔空间。

CONTENTS 目录

第一章 全周期管理与治理现代化 // 001

第一节 全周期管理和全周期管理意识 ……………………001
一、全周期管理的含义及其科学性 ………………………001
二、树立全周期管理意识对于推进国家治理体系和治理能力现代化的意义 …………………………………003

第二节 全周期管理与现代化城市治理的关系 ……………005
一、全周期管理是现代化城市治理的重要理念 …………005
二、全周期管理是推进超大城市与城乡基层治理体系和治理能力现代化的基本遵循 …………………………006

第二章 超大城市治理和城乡基层治理的基本内容 // 009

第一节 从城市管理到城市治理 ……………………………009
一、城市管理的概念 ……………………………………009
二、城市治理内涵 ………………………………………010
三、现代化城市和城乡基层治理的要求 …………………014

第二节 超大城市治理的基本内容 …………………………019
一、超大城市的特点 ……………………………………019
二、超大城市治理的基本内容 …………………………021

第三节 城乡基层社会治理的基本内容 ……………………022

一、城乡基层治理的基本原则 ……………………………… 023
　　二、着力完善和构建城乡社区治理体系 …………………… 024

第三章　城市现代化治理能力提升的新路子 // 027

第一节　现代化城市治理面临诸多挑战 ………………………… 027
第二节　加强和创新共建共治共享城市社会治理的新格局 …… 028
　　一、树牢"四个意识",坚定"四个自信",做到"两个维护",全面贯彻以人民为中心的执政理念 ……………… 029
　　二、树立全周期管理意识,打造一体化疾病预防控制体系和公共卫生防护体系 …………………………………… 030
　　三、依法治国是我国新时代推进城乡基层社会治理的有力保障 …………………………………………………… 030
　　四、完善公共卫生和突发事件信息的预警和发布机制,充分发挥媒体、专业机构和人员的作用 ………………… 033
　　五、构建多元一体的全民参与的治理模式 ………………… 033
　　六、利用大数据加强疾病常态化预防和构建疾病救治体制机制 ……………………………………………………… 037
　　七、加强疫情防控的国际合作抵御非传统安全风险,践行人类命运共同体理念 …………………………………… 038

第四章　现代化城市治理必须坚持党的领导 // 040

第一节　党的领导是城乡社会治理的根本保证 ………………… 040
　　一、中国共产党是城乡社会治理的领导核心 ……………… 041
　　二、党中央对城乡社会治理的总体要求 …………………… 046
　　三、党组织建设引领城乡社会治理 ………………………… 048
第二节　基层党组织的引领作用是城乡社会治理的基础 ……… 054

一、基层党组织是城乡社会治理工作和力量的基础·················054

二、社会治理对基层党组织建设的新要求·····················058

三、基层党组织在社会治理中引领作用的发挥···················063

第五章　现代化城市治理必须坚持法治理念 // 071

第一节　全面依法治国是治国理政的基本方略·················071

一、全面依法治国是治国理政的客观需要·····················072

二、全面依法治国是治国理政的重中之重·····················076

三、全面依法治国在治国理政方略中的体现···················077

第二节　全面依法治市是现代化城市治理中全周期管理的法律保障·····································079

一、全面依法治市与全面依法治国·························079

二、全面依法治市的关键·····························084

三、全面依法治市的法律保障作用·························086

第三节　城市与城乡基层社会治理的全周期管理需要法治·············087

一、现代化城市与城乡基层社会治理和全周期管理依法实施的必要性······································088

二、现代化城市与城乡基层社会治理中全周期管理的依法实施·········090

第六章　现代化城市治理必须提升重大风险识别能力 // 098

第一节　风险识别能力是现代化城市治理的基本手段···············098

一、现代化城市治理的风险与危机························098

二、提升风险识别能力是现代化城市治理的应有之义···············101

第二节　信息及时预警和发布是化解风险的前提················107

一、信息预警是化解风险的必然要求·······················107

二、畅通信息的发布是化解风险的重要保障 ……………… 112

第三节　信息及时预警和发布是全周期管理中事前预防的重要
　　　　环节 …………………………………………………… 120

　　一、事前预防：全周期管理的关键环节 …………………… 120

　　二、事前预防要求畅通信息的预警和发布 ………………… 122

第七章　现代化城市治理必须构建多元一体的全民参与治理模式 // 129

第一节　现代化城市治理的现实困境 ………………………… 130

　　一、现代化城市治理困境的时代背景 ……………………… 130

　　二、现代化城市治理面临的突出问题 ……………………… 131

　　三、破解现代化城市治理困境的主要治理路径 …………… 134

第二节　发挥专家在城市治理中的作用 ……………………… 135

　　一、专家嵌入城市治理的建构路径 ………………………… 135

　　二、专家治理的意义 ………………………………………… 138

第三节　加强媒体在城市治理中的监督作用 ………………… 141

　　一、媒体监督的基本内涵 …………………………………… 141

　　二、媒体监督嵌入城市治理工作的路径 …………………… 142

　　三、媒体监督嵌入城市治理的作用与意义 ………………… 144

第四节　构建共建共治共享多元一体的城市治理模式 ……… 146

　　一、共建共治共享多元一体的城市治理模式 ……………… 147

　　二、城市治理中构建共建共治共享多元一体治理模式的建
　　　　构路径 ………………………………………………… 149

第八章　数字经济条件下智慧化城市治理体制机制 // 154

第一节　数字经济条件下现代化城市的数字治理 …………… 154

一、现代化城市治理概述……………………………………154
　　二、数字经济条件下现代化城市数字治理的运用范围………158
　　三、现代化城市数字治理的必要性…………………………167
第二节　国内外现代化城市数字治理政策与实践………………170
　　一、我国现代化城市数字治理政策和实践…………………172
　　三、现代化城市数字治理的意义……………………………184
第三节　现代化城市数字治理——智慧网格化治理体制机制构建…186
　　一、智慧网格化治理体制机制概述…………………………186
　　二、国内城市智慧网格化治理实践…………………………188
　　三、智慧网格化治理存在的问题……………………………194
　　四、现代化城市治理的智慧网格化治理体制机制构建………197

第九章　现代化城市治理需要加强国际合作 // 200

第一节　非传统风险威胁全人类的生存和发展…………………201
　　一、非传统风险概述…………………………………………201
　　二、贯彻总体国家安全观，树立全周期管理意识，积极对
　　　　抗非传统风险……………………………………………211
第二节　加强国际合作　构建共建共治共享的人类命运共同体……213
　　一、践行人类命运共同体理念………………………………213
　　二、树立全周期管理意识应对世界百年未有之大变局………215
　　三、应对新冠肺炎疫情等非传统威胁加强世界卫生组织等
　　　　国际组织的领导作用……………………………………217

参考文献 // 222

后记 // 241

第一章
全周期管理与治理现代化

第一节　全周期管理和全周期管理意识

一、全周期管理的含义及其科学性

2020年3月10日,习近平总书记在武汉考察新冠肺炎疫情防控工作时强调,这次新冠肺炎疫情防控,是对治理体系和治理能力的一次大考,既有经验,也有教训。要放眼长远,总结经验教训,加快补齐治理体系的短板和弱项,为保障人民生命安全和身体健康筑牢制度防线。要着力完善城市治理体系和城乡基层治理体系,树立"全周期管理"意识,努力探索超大城市现代化治理新路子。在城市治理领域引入"全周期管理",是习近平总书记着眼国家治理体系和治理能力现代化,特别是针对城市和城乡基层治理提出的新主张,为我国城市和城乡基层治理体系建设提出了新要求。

"全周期管理"源于产品生命周期理论。产品生命周期理论是美国哈佛大学教授雷蒙德·弗农(Raymond Vernon)1966年在其《产品周期中的国际投资与国际贸易》一文中首次提出的。产品生命周期是指产品的市场寿命,即一种新产品从开始进入市场到被市场淘汰的整个过程。弗农认为,产品生命是指市场上的营销生命,与人的生命一样,要经历形成、成长、成熟、衰退这样的周期。后来这一理论广泛应用到各个领域,衍生出"全生命周期管理"和"全周期管理"以及"全周期管理意识"等概念。

所谓"全周期管理"是指治理体系应形成一个前期预警决策、中期应对执行、后期监督执纪问责的管理体系。具体而言,在城市和城乡基层治理中构建各级党委和党的基层组织发挥主导与引领作用的组织体系;各级政府及其职能部门依法科学决策,精准预警和施策,构建保证信息流通顺畅的平台体系、体制机制体系、各种服务体系等;发动群众,构建多元主体参与的治理结构体系;建立权责明晰、科学配合、监督执纪问责明确、奖勤罚懒的法律责任体系等治理体系,形成闭环管理,从而达到治理体系和治理能力现代化。

"全周期管理"的科学性主要体现在以下六方面:

第一,全周期管理要求坚持党的领导,增强"四个意识",坚定"四个自信",做到"两个维护",高举习近平新时代中国特色社会主义思想伟大旗帜,加强党的组织建设,尤其是加强和发挥基层党组织的引领作用,打通国家治理的最后一公里,贯彻依法治国方略,坚持和完善中国特色社会主义制度,推进国家治理体系和治理能力现代化。

第二,全周期管理要求用系统思维来解决城市治理问题。无论是传染病防治、突发事件的应急处置,还是城市运行的常态治理,都要摒弃以往头痛医头、脚痛医脚的治理方式,转向科学化、精细化和智能化管理,从全过程、全要素、全场景的角度,形成系统、协调、完备的治理体系,从而增强社会弹性和城市韧性。

第三，全周期管理要求坚持问题和需求导向，突出城市治理中面临的瓶颈或者阻碍治理的最后一公里。未雨绸缪，预防为主，规划先行，立法保障，快速反应，严格执行，提高城市管理效能。

第四，全周期管理要求坚持信息透明，广开言路。进行全周期管理，必须公开治理中每一个环节信息。管理者要全面了解治理过程中的信息，这样才能准确掌握治理过程的全貌，找出问题所在，对症下药，药到病除。同时，要广开言路，让民众参与治理，监督治理，防患于未然。

第五，全周期管理要求依法治理，在治理的每一个环节突出相关人员的法定职责和义务，对于违反法定职责的，依法追究其法律责任，确保治理效能常态化，避免推诿扯皮、敷衍了事，有效防止突发事件的发生，造成不应有的损失。

第六，全周期管理要求利用大数据和智能化技术进行全方位治理。特别是在疫情防控中，利用大数据能够准确查出感染者的行动轨迹，有利于流行病学调查密切接触者，从而采取有力隔离措施，阻断传染源，有效防止病毒扩散。

树立全周期管理意识，要坚持整体谋划、系统重塑、全面提升。对事物的管理，应当树立系统思维，实现全周期的动态管理、闭环管理。在城乡基层社会治理中要做到前期预防、早期遏制、中期控制、后期反思的全周期闭环管理。

二、树立全周期管理意识对于推进国家治理体系和治理能力现代化的意义

所谓全周期管理意识是指治理体系应形成一个前期预防、早期遏

制、中期控制、后期反思的管理闭环，在这样一个闭环中，前中后三个环节紧密相扣，各部门要做到权责明晰、科学配合，保证信息流通顺畅。

树立全周期管理意识对于推进国家治理体系和治理能力现代化有重要的意义。

第一，树立全周期管理意识是完善城市治理体系、更好满足人民群众美好生活需要的重要举措，从而形成上下联动、专群结合、平战结合、人防技防的治理体系，不断提升城市治理水平，有利于推进国家治理体系和治理能力现代化的尽快实现。

第二，全周期管理意识的加强，能够提升各级干部的综合素质和能力，不断提升政府服务部门的办事效率，更好地贯彻落实以人民为中心的发展思想，为推进国家治理体系和治理能力现代化奠定思想基础和前瞻性思维模式。

第三，树立全周期管理意识能够把制度优势转化为治理效能，把以人民为中心的思想和满足人民群众对美好生活的需要落实到城市治理的每一个环节，对于推进国家治理体系和治理能力现代化具有重要的促进作用。

第四，树立全周期管理意识能够广泛发动群众，发挥集体智慧，夯实基层组织治理能力，为推进国家治理体系和治理能力现代化进行兜底。目前在城市治理中，基层治理资源不足，人员流动性大，中间层级多，使得社区和乡村治理成为治理的短板。夯实社区和乡村治理，减少中间环节，将治理资源下沉到一线，从而打通基层治理的最后一公里，更好地发挥基层党建引领作用，统筹好政府、市场和社会的力量，让群众知情、参与、监督，调动每一个"城市细胞"的积极性，真正形成基层社会治理共同体，形成共建共治共享的协同管理机制。

我国城镇化率从 1978 年的 17.92% 发展到 2021 年的 63.9%，城市治理和城乡基层治理体系的推进和完善是我们面临的重大课题。特别是在突发公共卫生事件发生时，如何树立全周期管理意识和构建城乡治理体系的全周期管理，有序应对突发事件和非传统安全风险，完善城乡治理体系和治理能力现代化，需要认真思考和研究。

第二节　全周期管理与现代化城市治理的关系

一、全周期管理是现代化城市治理的重要理念

党的十八大以来，以习近平同志为核心的党中央高度重视城市治理工作，并作出了一系列重要论述，指出城市治理必须坚持以人民为中心，从而为现代化城市治理指明了前进方向、提供了根本遵循。正如 2019 年年底习近平总书记在上海考察所强调的"城市是人民的城市，人民城市为人民"，[①]归根结底城市是人民的城市，城市发展理应服务于人民。人民对美好生活的向往就是现代化城市治理的方向；建立和谐美好的城市生活，提升人民群众的舒适感、获得感、价值感和归属感则是现代化城市治理的目标。

"全周期管理"与以人为本的理念不谋而合，是现代化城市治理的核心理念。万事万物皆有其生命周期，城市的每一个组成部分、每一要素，包括城市整体本身，都存在其自身的发展规律，它们既协调一致，

[①]《深入学习贯彻党的十九届四中全会精神 提高社会主义现代化国际大都市治理能力和水平》，载《人民日报》2019 年 11 月 4 日。

又各具差异。全周期管理的内涵决定，这种全新的城市治理理念要求将城市视作一个有机的生命体，考虑城市的现实需求和可持续发展，从周期变化的角度把握城市各部分及其整体的发展规律，针对城市各组成部分的生命周期不同阶段，采取与全局相一致又具有针对性的治理措施，以使得城市的治理更加贴合人的需要。同时，全周期管理更加注重广大人民群众的参与性和创造性，力求构建多元主体参与、运行有效的治理体系。全周期管理始终围绕"以人民为中心"的城市治理理念展开，在疫情期间，党中央始终将人民的利益和需求放在第一位，举国上下，团结一致，从而取得了防疫攻坚战的伟大胜利，这正是党中央践行"全周期管理"城市治理理念所取得的实践成果。"全周期管理"理念，是新时代我国关于现代化城市治理理念的新发展，对于当下我国完善城市治理体系和城乡基层治理体系，探索超大城市现代化治理之路具有重要的指导意义。

二、全周期管理是推进超大城市与城乡基层治理体系和治理能力现代化的基本遵循

根据国家统计局发布的数据，常住人口的城镇化进一步提高，城镇化率上升至63.9%。城市治理是推进国家治理体系和治理能力现代化的重要内容，没有一流的城市治理，国家治理体系和治理能力现代化就无从谈起。城市治理关系着国家治理体系和治理能力的现代化。当今世界正经历百年未有之大变局，我国的改革和发展也面临着诸多外部不确定、不稳定因素和许多新情况新问题。突如其来的新冠肺炎疫情等非传统风险又加速了这种变局，使不确定不稳定的外部因素更加复杂多变，给城市治理带来了更严峻的挑战。城市的现代化程度越高，

对制度化程度的要求也越高。习近平总书记指出，国家治理体系和治理能力是一个国家的制度和制度执行能力的集中体现，两者相辅相成。提高城市治理现代化水平，最主要的途径是完善城市治理制度和提高制度的执行能力。只有树立全周期管理意识，建立一整套更完备、更稳定、更管用的全周期管理体系，才能实现城市治理现代化的目标。我国各地正在努力探索推进城市治理体系和治理能力现代化。比如，2019年年底，成都以"10+1"的完整制度构架推进城市治理现代化；昆明市政法部门立足立法、执法等法治建设关键环节，完善机制建设，构建市域社会治理"三大体系"，都是提高城市治理能力的有益探索。[1] 党的十八大以来，以习近平同志为核心的党中央立足中国特色社会主义的具体实践，始终高度重视城市工作及其治理问题。近年来，习近平总书记针对城市基层社会治理的精细化、树立全周期管理意识、从智能化到智慧化等新趋势新方向作出了新部署，提出了新要求。这些重要论述及其体现的科学世界观和方法论，为我们在新形势下深入认识推进城市治理现代化的重大意义、科学内含和原则要求，切实做好各项实际工作，提供了根本遵循。[2]

在经济全球化时代，像新冠肺炎疫情这样的重大突发事件不会是最后一次，各种传统安全和非传统安全问题还会不断带来新的考验。而超大城市人口众多、经济体量大，各种要素密集，人流、物流、信息流、资金流快速流动，形成了巨大的城市竞争力优势。但在危机状态下，优势又会变为突出劣势，风险会在一个高度密集的区域快速集聚、快速爆发与快速扩散。世界上万事万物都有其生命周期，但人类的思

---

[1] 王石川：《城市治理现代化应有之义》，载光明网2020年9月15日。
[2] 弘文：《着力完善城市治理体系》，载求是网2020年5月10日。

维模式，不能执着于当下，需要做到根据情势变化而灵活调整，我们的管理思维也需要克服人类的主观偏向，顺应客观规律，做到与事物的变化周期相一致，实现全周期的动态管理、闭环管理。全周期管理思维可以应用在城乡治理的各个方面，在权力运行上，有决策、实施、监督的周期；在工作推进上，有部署、贯彻、验收的周期；在项目运作上，有风险评估、运行监测、总结评价的周期，等等。

全周期风险管理最重要的是做到事前防范，做到源头治理、早期控制，克服管理者扮演"救火队"的角色，应当树立全周期管理意识治未病和治未乱，推进城市治理体系和治理能力现代化。特别是对超大城市的风险管理要做到事前防范、事中控制、事后反思的全周期闭环管理。

第二章
超大城市治理和城乡基层治理的基本内容

第一节　从城市管理到城市治理

一、城市管理的概念

城市管理是指以城市这个开放的复杂巨系统为对象，以城市基本信息流为基础，运用决策、计划、组织、指挥等一系列机制，采用法律、经济、行政、技术等手段，通过政府、市场与社会的互动，围绕城市运行和发展进行的决策引导、规范协调、服务和经营行为。

广义的城市管理是指对城市一切活动进行管理，包括政治的、经济的、社会的和市政的管理。

狭义的城市管理通常就是指市政管理，即与城市规划、城市建设及城市运行相关联的城市基础设施、公共服务设施和社会公共事务的管理。一般城市管理所研究的对象主要针对狭义的城市管理，即市政管理。

单纯的城市管理往往流于头痛医头、脚痛医脚，往往追求眼前的效果，缺乏应有的长远规划和依法管理的思维和理念。同时，城市管理往往是单向度的从上到下的行政命令，缺乏应有的良性互动，政府机构唱独角戏。手段单一，重管理轻服务。多数地区在城市市政管理、交通运行、人居环境、应急处置、公共秩序等方面仍有较大差距，城市管理执法工作还存在管理体制不顺、职责边界不清、法律法规不健全、管理方式简单、服务意识不强、执法行为粗放等问题，在一定程度上制约了城市健康发展和新型城镇化的顺利推进。单纯的单向和垂直的城市管理已经不适应中国特色社会主义的主要矛盾和实际情况。我国目前80%以上的经济总量产生于城市、60%以上的人口生活在城市。落实"四个全面"战略布局的内在要求，必须促进城市发展转型，由管理转向治理。一方面必须深入推进城市管理执法体制改革，改进城市管理工作，理顺城市管理执法体制，解决城市管理面临的突出矛盾和问题，消除城市管理工作中的短板，进一步提高城市管理和公共服务水平；另一方面，要树立全周期管理意识，努力探索超大城市现代化治理新路子，推进国家治理体系和治理能力现代化，必须抓好城市治理体系和治理能力现代化。

二、城市治理内涵

从"管理"到"治理"，尽管只有一字之差，却有质的升级，凸显了我们党执政理念的升华、治国方略的转型，将对中国未来发展产生重大影响。从政治学的角度看，治理的基本含义是指在一个既定范围内运用权威维持秩序，满足公众需要，其基本理念是相对于单方面的统治而言，更强调政府分权、主体多元、社会自治。[①]

[①] 俞可平:《治理与善治》，社会科学文献出版社2000年版。

不同限定语的治理可能具有迥异的内涵。在我国，国家治理的概念是在坚持党的领导、人民当家作主和依法治国有机统一的前提和基础上，在具体手段和举措中加入了治理理论的某些元素组成的。城市治理不是国家治理的简单拷贝，有其特定的内涵和外延。城市治理是指城市的政府、城市的居民以及各种社会组织等利益相关方通过开放参与、平等协商、分工协作的方式达成城市公共事务的决策，以实现城市公共利益的最大化的过程。[①] 城市治理体系是指城市治理运行中必然涉及的治理主体、治理客体、治理方法（包括治理体制、机制、技术等）等因素构成的有机整体以及对此整体进行明确界定的制度因素。城市治理能力不是单纯指城市政府的治理能力，而是指城市治理主体通过整合利用相关资源，采用合理工具和手段，以解决城市治理中的问题和实现城市治理目标的能力。城市治理体系和治理能力是一个有机整体，是城市治理的两个基本面向，二者相辅相成。其中，城市治理体系侧重城市治理要素构成，是相对静态的，是城市治理能力形成的前提和基础；城市治理能力则侧重城市治理要素的功能发挥，主要是动态的，是城市治理体系有效运转形成的结果。[②] 因此，城市治理体系和治理能力建设必须以治理理念为起点，治理体系构建为抓手，治理能力增强为依归，解决超大城市发展带来的"城市病"和城乡基层社会治理存在的短板。

1. 树立以人为本的治理理念。城市治理的目标是建立和谐美好的城市生活，让市民生活得更舒适，更有获得感、价值感和归属感。因而，

---

① 何增科：《城市治理评估的初步思考》，载《华中科技大学学报（社会科学版）》2015年第4期。

② 夏志强、谭毅：《城市治理体系和治理能力建设的基本逻辑》，载《上海行政学院学报》2017年第5期。

城市治理应树立"以人为本"的治理理念。为了实现以人为本的治理理念，就要树立全周期管理意识，运用法治思维、系统思维和精准智慧思维。在城市治理中贯彻人本治理理念，就要坚持全周期管理理念、依法治理理念、系统治理理念和智慧治理理念等理念，构建适应全球化、法治化、数字化、全周期管理的城市治理体系和治理能力。

2.完善和构建城市治理体系建设，主要是解决谁来治理、治理什么和如何治理的问题。因此，城市治理体系是指治理主体运用一定方法解决城市发展过程中的各种问题以及确立发展目标，包括治理主体、治理对象和治理的一些方法等。

城市治理主体应该是多元主体参与。城市治理必须树立全周期管理思维和法治思维，依法确立政府在城市治理体系中的主导地位，依法保障社会组织和居民的参与权，打破体制机制障碍，创新应用各种有利于多元主体协同参与的技术，形成良性有序的政社协同，实现城市治理共建共治共享的新格局。

城市治理客体是城市运行和发展过程中面临的各种问题和矛盾，包括"城市病"以及城市发展的长远目标等。无论是城市运行问题的解决还是城市发展目标的确定，均要依法进行，系统考虑问题关联性和各利益相关方的利益，破除局部主义和治理碎片化，树立全周期管理意识，以制度创新、体制机制改革和技术支撑保障治理的成效。

城市治理方法包括法律方法和全周期管理方法等。法律方法就是根据依法治理理念，在制度、体制、机制的建设中，要依法治市。全周期管理方法就是根据系统治理理念和智慧治理理念整合制度、体制、机制、工具，实现治理方法的选择和有机组合以及综合运用。

3.完善和提升城市治理能力，即在中国共产党的坚强领导下，基于城市治理实践的现实需要，进行城市动员能力、城市管理能力、城市发展能力和城市精细治理能力的建设。城市动员能力主要基于主体协同的多方参与。

城市动员能力建设是城市治理主体自我动员和动员其他治理要素参与治理的能力。在多元协同的城市治理格局中，城市动员能力建设的前提在于各治理主体有强大的能力，关键在于动员各治理主体共同参与到城市治理中来，实现合作治理。城市管理能力既是传统城市管理理念下的核心能力，也是城市治理能力的重要内容。此处的城市管理能力是狭义上的，主要是指针对"城市病"对症施治的能力，是治理公共服务不足、交通拥堵、环境污染和治安恶化等城市日常运行中突出的公共问题的能力。城市发展能力主要由前瞻能力和动态调整能力构成。

一方面，城市发展首先要有长远眼光，在城市空间规划方面，要考虑未来城市发展的边界，实现生产、生活、生态三者的超前优化布局；在城市系统要素调整方面，要考虑各要素间的匹配度，在整体上实现空间、规模、产业三者的结构协调；在城市发展动力方面，要在充分利用现有动力源的基础上，积极寻找新的长效动力源，结合改革、科技、文化三个动力，打造可持续发展的城市。需要特别强调的是，城市发展的眼光要对标全球同类标杆城市的发展思路，紧贴中国的城市发展战略，体现城市自身的特色。

另一方面，城市发展要随着发展环境和城市要素的变化而不断进行动态调整。虽然我们想要尽可能预测城市发展的未来，但很多影响城市发展的因素却在不停地变化。为了应对这种状况，除了要尽可能考虑可能发生的变化，还要建立城市发展影响因素监测和变化预警机制，建立合理的动态调整机制，以便在始料未及的变化发生时，能及时修正发展方向，有效应对发展风险。城市精细治理能力不仅要求制度供给的完善、治理结构的系统化和治理体系功能耦合,还要求各个治理单元精确、高效、协作,实现卓越管理。① 在此所讲的城市的精细治理能力强调的是城市治理中的科学技术和有效方法。

三、现代化城市和城乡基层治理的要求

党的十九届四中全会提出要"完善党委领导、政府负责、民主协商、社会协同、公众参与、法治保障、科技支撑的社会治理体系",以及"建设人人有责、人人尽责、人人享有的社会治理共同体"。因此,要推进国家治理体系和治理能力现代化,重要的是推进城乡治理体系和治理能力现代化。要实现这个目标,就要构建城市和城乡基层社会治理体系,这个体系包括党的各级组织体系、政府科学决策的执行体系、多元主体广泛参与的社会动员体系、法治保障体系、科技支撑体系,最终形成共建共治共享的社会治理新格局。

第一,理念创新,养成系统思维,坚持以人为本,树立以人民为中心的发展思想。牢固树立为人民管理城市的理念,强化宗旨意识和服务意识,落实惠民和便民措施,以群众满意为标准,切实解决社会各界最关心、最直接、最现实的问题,努力消除各种"城市病"。"全周期管理"作为现代管理学的先进理念,被援引到城市等社会治理领域,本质上体现了"城市是生命体、有机体"的科学认识,也是"系统治理、综合治理、依法治理、源头治理"的必然要求。

第二,强化依法治理,逐步实现城市治理法治化、规范化、制度

---

① 夏志强、谭毅:《城市治理体系和治理能力建设的基本逻辑》,载《上海行政学院学报》2017年第5期。

化。坚持全面依法治国，是坚持和发展中国特色社会主义的本质要求和重要保障，是实现国家治理体系和治理能力现代化的必然要求。为给疫情防控提供有力法治保障，习近平总书记指出，"疫情防控越是到最吃劲的时候，越要坚持依法防控，在法治轨道上统筹推进各项防控工作""各级党委和政府要全面依法履行职责，坚持运用法治思维和法治方式开展疫情防控工作，在处置重大突发事件中推进法治政府建设，提高依法执政、依法行政水平"。我们看到，从疫情初发，从上到下就特别重视依法而行，严格落实《中华人民共和国传染病防治法》《中华人民共和国突发事件应对法》《国务院突发公共卫生事件应急条例》等法律法规，在法治的轨道上统筹推进各项防控工作，与此同时，全国人大常委会还着手推进生物安全等领域法律法规的加强和完善。

第三，着眼平战结合，抓紧完善国家公共卫生应急管理体系。习近平总书记指出，抗击新冠肺炎疫情，"是对国家治理体系和治理能力的一次大考。要研究和加强疫情防控工作，从体制机制上创新和完善重大疫情防控举措，健全国家公共卫生应急管理体系，提高应对突发重大公共卫生事件的能力水平"。在风险累积的现代社会，包括公共卫生在内的全部城市应急系统的建设，应坚持以防为主，不断建立健全涉及风险监测、预警、发布以及救治、物质、人员、协同等环节的体制机制，不仅是必要的，更是十分紧迫的。

第四，坚持重心下沉，不断夯实城市治理的基层基础。城市治理的"最后一公里"就在社区。2020年2月10日，习近平总书记在北京市调研指导新冠肺炎疫情防控工作时指出，社区是疫情联防联控的第一线，也是外防输入、内防扩散最有效的防线。把社区这道防线守住，就能有效切断疫情扩散蔓延的渠道。在这次疫情防控的人民战争、总体战、阻击战中，一个个"逆行"而上的"网格员"让人难忘。"网格员"

不只是近年来我国城市基层治理中"网格化"模式的一个符号，它代表的是新时代我国城市治理的一个重要趋势，即要突出基层基础导向，从基层最小单元、最小细胞抓起，推动重心下沉、力量下沉和资源下沉。站在"人人有责、人人尽责、人人享有"社会治理共同体的角度，充分调动、发挥好包括"网格员"在内的人民群众的主动性、积极性和创造性，不仅对于应对"危机"状态有重要意义，就是对于日常的城市治理也是至关重要的。①

第五，不断提高各级领导干部的专业能力和治理能力，补齐治理能力短板。制度优势要更好地转化为治理效能，各级领导干部是关键。走好新时代的长征路，各级领导干部必须做到既要政治过硬，又要本领高强，包括政治站位、思想觉悟、工作作风、知识素养、业务技能等在内，各级领导干部做实做细做好各项工作，牢牢把握工作主动权。其实，除了"危机"之下的非常态，在大量的日常工作中，一件件看似不起眼的"小事"，都无不关系到"治理"大局。因此，必须坚决摒弃各类形式主义和官僚主义，不断提高治理能力和水平，始终以"赶考"精神保持"临战"状态，须臾不可懈怠。②

第六，发挥科技的支撑作用，探索城市和城乡基层的智慧治理。随着大数据、云计算、区块链、人工智能等新一代信息技术迅猛发展并加速向各领域广泛渗透，建设智慧城市成为城市治理乃至城市智理的时代潮流。在城市治理过程中，运用大数据、物联网、云计算等新技术、新业态，可提高效率，便利民众，降低治理成本。习近平总书记指出，从数字化到智能化再到智慧化，让城市更聪明一些、更智

---

① 弘文：《着力完善城市治理体系》，载求是网 2020 年 5 月 10 日。
② 弘文：《着力完善城市治理体系》，载求是网 2020 年 5 月 10 日。

慧一些，是推动城市治理体系和治理能力现代化的必由之路，前景广阔。党的十九大报告也指出，善于运用互联网技术和信息化手段开展工作。

第七，不断完善城市管理。不断加强市政管理，建立完备的城建档案信息共享制度；加强城市道路管理，城市地下综合管廊、给排水和垃圾处理等基础设施管理，城市公共空间规划、建筑物立面管理和色调控制、户外广告及门店牌匾设置管理，城市街头流浪乞讨人员救助管理等；及时制止、严肃查处擅自变更建设项目规划设计和用途、违规占用公共空间以及乱贴乱画乱挂等行为，严厉打击违法用地、违法建设行为。优化城市交通，坚持公交优先战略、加强不同交通工具之间的协调衔接，倡导步行、自行车等绿色出行方式。改善人居环境，提高城市园林绿化、环卫保洁水平，加强大气、噪声、固体废物、河湖水系等环境管理，改善城市人居环境。规范建筑施工现场管理，严控噪声扰民、施工扬尘和渣土运输抛撒。大力开展爱国卫生运动，提高城市卫生水平。提高城市应急能力，提高城市防灾减灾能力，保持水、电、气、热、交通、通信、网络等城市生命线系统畅通，完善城市管理应急响应机制，提高突发事件处置能力。整合信息平台，积极推进城市管理数字化、精细化、智慧化管理平台，综合运用物联网、云计算、大数据等现代信息技术，整合人口、交通、能源、建设等公共设施信息和公共基础服务，拓展数字化城市管理平台功能，加快数字化城市管理向智慧化升级，实现感知、分析、服务、指挥、监察"五位一体"，形成综合性城市管理数据库，重点推进城市建筑物数据库建设，建立用数据说话、用数据决策、用数据管理、用数据创新的新机制。构建智慧城市，构建城市虚拟仿真系统，强化城镇重点应用工程建设，发展智慧水务、智慧管网、智能建筑等。加快城市管理和综合执法档案信息化建设，依托信息化技术，综合利用视频一体化技术，探索快速处置、非现场执法等新型执法模式，提升执法效能。①

第八，创新城市治理方式。发挥市场的基础性作用，引入市场机制，吸引社会力量和社会资本参与城市管理。鼓励地方通过政府和社会资本合作、政府向社会购买服务等方式，推进城市市政基础设施、市政公用事业、公共交通、便民服务设施、环卫保洁、园林绿化管养作业等的市场化运营。推进网格管理。建立健全市、区（县）、街道（乡镇）、社区管理网络，科学划分网格单元，将城市管理、社会管理和公共服务事项纳入网格化管理；明确网格管理对象、管理标准和责任人，实施常态化、精细化、制度化管理。依托基层综合服务管理平台，全面加强对人口、房屋、证件、车辆、场所、社会组织等各类基础信息的实时采集、动态录入，准确掌握情况，及时发现和快速处置问题，有效实现政府对社会单元的公共管理和服务。发挥社区作用，加强社区服务型党组织建设，充分发挥党组织在基层社会治理中的领导核心作用，发挥政府在基层社会治理中的主导作用。依法建立社区公共事务准入制度，充分发挥社区居委会作用，增强社区自治功能；充分发挥社会工作者等专业人才的作用，培育社区社会组织，完善社区协商机制；推动制定社区居民公约，促进居民自治管理；建设完善社区公共服务设施，打造方便快捷生活圈。通过建立社区综合信息平台、编制城市管理服务图册、设置流动服务站等方式，提供惠民便民公共服务。动员公众参与，依法规范公众参与城市治理的范围、权利和途径，畅通公众有序参与城市治理的渠道。倡导城市管理志愿服务，建立健全城市管理志愿服务宣传动员、组织管理、激励扶持等制度和组织协调机制，

---

① 《中共中央国务院关于深入推进城市执法体制改革改进城市管理工作的指导意见》。

引导志愿者与民间组织、慈善机构和非营利性社会团体之间的交流合作，组织开展多形式、常态化的志愿服务活动。依法支持和规范服务性、公益性、互助性社会组织发展。采取公众开放日、主题体验活动等方式，引导社会组织、市场中介机构和公民法人参与城市治理，形成多元共治、良性互动的城市治理模式。提高城市文明意识。把培育和践行社会主义核心价值观作为城市文明建设的根本任务，融入国民教育和精神文明创建全过程，广泛开展城市文明教育，大力弘扬社会公德。深化文明城市创建，不断提升市民文明素质和城市文明程度。积极开展新市民教育和培训，让新市民尽快融入城市生活，促进城市和谐稳定。充分发挥各级党组织和工会、共青团、妇联等群团组织的作用，广泛开展城市文明主题宣传教育和实践活动。加强社会诚信建设，坚持将公约引导、信用约束、法律规制相结合，以他律促自律。[①]

第二节　超大城市治理的基本内容

一、超大城市的特点

超大城市的特点主要是规模超大，与一般城市相比具有其独特性。

第一，具有明显的集聚经济规模。城市规模越大集聚各种资源的能力越强，自然会形成超大规模的集聚经济，具有极强的经济集聚和辐射力。

---

① 《中共中央国务院关于深入推进城市执法体制改革改进城市管理工作的指导意见》。

第二，人力资源丰富和创新创造优势显著。超大城市人口规模大，人口结构、文化结构多元化，容易形成新知识的乘数效应，是新知识的源泉和创新创造创业的高地。

第三，人均GDP和劳动生产率高。超大城市集聚经济和人力资源的优势可以吸引各种企业，形成专业化和多样化的产业集群，形成完整的产业链和产品供应链，进一步增强企业的生产能力，有助于提高劳动生产率和城市的整体人均GDP和人均收入。

第四，超大城市具有完善的基础设施和公共服务体系及各种服务平台。规模超大、结构多元的人口形成巨大的、多样化的消费需求，具有经济发达、相对富裕的物质基础，建有先进的基础设施和完善的公共服务体系，能向广大居民提供优质的公共服务，提供舒适、便捷的生产生活环境。

第五，有利于集约高效利用空间。我国人口众多、土地稀缺，应当优化国土空间开发保护格局。超大城市提供了集约高效利用空间的可能性，可以承载更多的人口，创造更多的物质财富。

第六，城市承载压力大，产生"大城市病"。由于城市规模超大，人口、企业高度集中，增大了城市空间的压力，增大了环境污染、交通拥堵、房价暴涨等"大城市病"的概率。

第七，社会纠纷增多，社会不稳定因素增加。人口结构的多元化、文化的多样性，加大了超大城市的多样性和复杂性。

第八，面临传统和非传统风险挑战。超大城市人口密集，经济高度集中，一旦遭受传统或者非传统风险，将会受到严重损失。[1]

---

[1] 王桂新:《超大城市治理的几个问题》，载《中国领导科学》2020年第3期。

二、超大城市治理的基本内容

超大城市治理必须根据其特点和发展目标,运用政治、经济、法律等手段进行系统治理和综合治理,从而形成超大城市治理的新格局。

第一,坚持党的领导。中国共产党是中国特色社会主义事业的领导核心,在现代历次重大灾难和外敌侵略的艰难险阻中,中国共产党领导中国人民取得了一个又一个胜利,形成了伟大的建党精神。在超大城市治理中,只有坚持党的领导,坚持民主协商,广泛发动群众,才能探索出超大城市全周期管理的新路子。

第二,发挥专家在超大城市治理中的作用。现代化城市治理不是单纯的管理,而是精细化、制度化、科学化、专业化和法治化等的治理。超大城市治理的分工越来越细,涉及的领域越来越广,面临的风险越来越大。要实现治理的现代化,就必须发挥专家的专业知识和能力,善于听取专家的意见,进行科学治理和依法治理,超大城市的治理才能行稳致远。

第三,人才和创新环境治理。超大城市治理现代化,就是将超大城市建设成为创新型和智慧型城市。超大城市具有人才优势,就应当树立人人是人才的人才观,包容各类人口和文化,鼓励交流和创新,创造公平竞争环境和每个人都有用武之地的舞台,使超大城市逐步成为全国甚至全球人才集聚地和知识创新中心。

第四,坚持以人民为中心的发展思想,增强超大城市保障每个人的基本权益的能力。超大城市一般都是移民城市。移民历来都是超大城市发展的重要动力。目前,外来人口仍然是超大城市劳动力队伍的重要组成部分,他们的劳动和贡献在超大城市发展中无可替代,应该得到尊重并拥有相应的权益。超大城市治理一定要尊重每个人的基本权益，创造良好的包容、平等的社会环境，加快外来人口的社会融合与市民化进程。

第五，平衡人口结构治理。由于经济发展、技术进步及生育政策等因素的多重影响，我国超大城市少子化老龄化快速发展。如上海市在 1979 年就进入老龄化社会（老龄化率超过 7%），比全国早 20 余年。根据第七次人口普查，上海市户籍人口 0—14 岁少儿人口比重为 9.80%，而 65 岁及以上老年人口比重则上升到 16.28%。这必将迎来老龄化的严峻挑战：劳动力供给不足，消费需求萎缩，抚养负担加重，发展活力弱化，如不解决，整个城市衰退将不可避免。

第六，构建超大城市多元主体参与的共建共治共享社会治理新格局。超大城市规模大、人口密集和经济集聚，单依靠政府的行政管理和服务很难形成科学化的治理，必须发挥个人、单位和社会力量，推进政府、各种社会组织和个人的联动。构建党组织引领、政府主导、社会组织和个人参与的共建共治共享的治理体系和新格局。[1]

第三节　城乡基层社会治理的基本内容

城乡社区是社会治理的基本单元。城乡社区治理事关党和国家大政方针贯彻落实，事关居民群众切身利益，事关城乡基层和谐稳定。为实现党领导下的政府治理和社会调节、居民自治良性互动，全面提

---

[1] 王桂新：《超大城市治理的几个问题》，载《中国领导科学》2020 年第 3 期。

升城乡社区治理法治化、科学化、精细化水平和组织化程度，促进城乡社区治理体系和治理能力现代化，必须加强和完善城乡社区治理体系和治理能力现代化。

在指导思想上，必须坚持以基层党组织建设为关键、政府治理为主导、居民需求为导向、改革创新为动力，健全体系、整合资源、增强能力，完善城乡社区治理体制，努力把城乡社区建设成为和谐有序、绿色文明、创新包容、共建共享的幸福家园，为实现"两个一百年"奋斗目标和中华民族伟大复兴的中国梦提供可靠保证。

一、城乡基层治理的基本原则

第一，坚持党的领导，固本强基。加强党对城乡社区治理工作的领导，推进城乡社区基层党组织建设，切实发挥基层党组织领导核心作用，带领群众坚定不移贯彻党的理论和路线方针政策，确保城乡社区治理始终保持正确政治方向。

第二，坚持以人为本，服务居民。坚持以人民为中心的发展思想，把服务居民、造福居民作为城乡社区治理的出发点和落脚点，坚持依靠居民、依法有序组织居民群众参与社区治理，实现人人参与、人人尽力、人人共享。

第三，坚持改革创新，依法治理。强化问题导向和底线思维，积极推进城乡社区治理理论创新、实践创新、制度创新。弘扬社会主义法治精神，坚持运用法治思维和法治方式推进改革，建立惩恶扬善长效机制，破解城乡社区治理难题。

第四，坚持城乡统筹，协调发展。适应城乡发展一体化和基本公共服务均等化要求，促进公共资源在城乡间均衡配置。统筹谋划城乡社区治理工作，注重以城带乡、以乡促城、优势互补、共同提高，促进城乡社区治理协调发展。

第五，坚持因地制宜，突出特色。推动各地立足自身资源禀赋、基础条件、人文特色等实际，确定加强和完善城乡社区治理的发展思路和推进策略，实现顶层设计和基层实践有机结合，加快形成既有共性又有特色的城乡社区治理模式。基本形成基层党组织领导、基层政府主导的多方参与、共同治理的城乡社区治理体系，为推进国家治理体系和治理能力现代化奠定坚实基础。

二、着力完善和构建城乡社区治理体系

第一，充分发挥基层党组织领导核心作用。把加强基层党的建设、巩固党的执政基础作为贯穿社会治理和基层建设的主线，以改革创新精神探索加强基层党的建设引领社会治理的路径。加强和改进街道（乡镇）、城乡社区党组织对社区各类组织和各项工作的领导，确保党的路线方针政策在城乡社区全面贯彻落实。推动管理和服务力量下沉，引导基层党组织强化政治功能，聚焦主业主责，推动街道（乡镇）党（工）委把工作重心转移到基层党组织建设上来，转移到做好公共服务、公共管理、公共安全工作上来，转移到为经济社会发展提供良好公共环境上来。加强社区服务型党组织建设，着力提升服务能力和水平，更好地服务改革、服务发展、服务民生、服务群众、服务党员。继续推进街道（乡镇）、城乡社区与驻社区单位共建互补，深入拓展区域化党建。扩大城市新兴领域党建工作覆盖，推进商务楼宇、各类园区、商圈市场、网络媒体等的党建覆盖。健全社区党组织领导基层群众性自治组织开展工作的相关制度，依法组织居民开展自治，及时帮助解决

基层群众自治中存在的困难和问题。加强城乡社区党风廉政建设，推动全面从严治党向城乡社区延伸，切实解决居民群众身边的腐败问题。

第二，有效发挥基层政府主导作用。各省（自治区、直辖市）按照条块结合、以块为主的原则，制定区县职能部门、街道办事处（乡镇政府）在社区治理方面的权责清单；依法厘清街道办事处（乡镇政府）和基层群众性自治组织权责边界，明确基层群众性自治组织承担的社区工作事项清单以及协助政府的社区工作事项清单；上述社区工作事项之外的其他事项，街道办事处（乡镇政府）可通过向基层群众性自治组织等购买服务方式提供。建立街道办事处（乡镇政府）和基层群众性自治组织履职履约双向评价机制。基层政府要切实履行城乡社区治理主导职责，加强对城乡社区治理的政策支持、财力物力保障和能力建设指导，加强对基层群众性自治组织建设的指导规范，不断提高依法指导城乡社区治理的能力和水平。

第三，注重发挥基层群众性自治组织基础作用。进一步加强基层群众性自治组织规范化建设，合理确定其管辖范围和规模。促进基层群众自治与网格化服务管理有效衔接。加快工矿企业所在地、国有农（林）场、城市新建住宅区、流动人口聚居地的社区居民委员会组建工作。完善城乡社区民主选举制度，进一步规范民主选举程序，通过依法选举稳步提高城市社区居民委员会成员中本社区居民比例，切实保障外出务工农民民主选举权利。进一步增强基层群众性自治组织开展社区协商、服务社区居民的能力。建立健全居务监督委员会，推进居务公开和民主管理。充分发挥自治章程、村规民约、居民公约在城乡社区治理中的积极作用，弘扬公序良俗，促进法治、德治、自治有机融合。

第四，统筹发挥社会力量协同作用。制定完善孵化培育、人才引进、资金支持等扶持政策，落实税费优惠政策，大力发展在城乡社区开展纠纷调解、健康养老、教育培训、公益慈善、防灾减灾、文体娱乐、邻里互助、居民融入及农村生产技术服务等活动的社区社会组织和其他社会组织。推进社区、社会组织、社会工作"三社联动"，完善社区组织发现居民需求、统筹设计服务项目、支持社会组织承接、引导专业社会工作团队参与的工作体系。鼓励和支持建立社区老年协会，搭建老年人参与社区治理的平台。增强农村集体经济组织支持农村社区建设能力。积极引导驻社区机关企事业单位、其他社会力量和市场主体参与社区治理。通过城乡社区治理体系的完善和构建，不断提升社区居民参与能力、社区服务供给能力、社区文化引领能力、社区依法办事能力、社区矛盾预防化解能力、社区信息化应用能力等治理水平。特别是加强社区党组织、社区居民委员会对业主委员会和物业服务企业的指导和监督，建立健全社区党组织、社区居民委员会、业主委员会和物业服务企业议事协调机制。探索在社区居民委员会下设环境和物业管理委员会，督促业主委员会和物业服务企业履行职责。探索完善业主委员会的职能，依法保护业主的合法权益。[①]

---

① 《中共中央国务院关于加强和完善城乡社区治理的意见》，载《人民日报》2017年6月13日。

第三章
城市现代化治理能力提升的新路子

第一节　现代化城市治理面临诸多挑战

我国在新冠肺炎疫情防控中，在中国共产党的坚强领导下，坚持以人民为中心的发展思想，始终把人民的生命安全和身体健康放在第一位，不惜一切代价救治患者，体现了中国共产党不忘初心、牢记使命的担当和勇气，体现了中国特色社会主义集中力量办大事的制度优势，为全球应对非传统安全风险，加强和创新城乡基层社会治理新格局提供了有益的经验。在看到优势和成绩的同时，也要看到城市治理还有一些需要完善的地方。

当前和今后一个时期，我国发展仍然处于重要战略机遇期，但机遇和挑战都有新的发展变化。"当今世界正经历百年未有之大变局，新一轮科技革命和产业变革深入发展，国际力量对比深刻调整，和平与发展仍然是时代主题，人类命运共同体理念深入人心，同时国际环境日趋复杂，不稳定性不确定性明显增加，新冠肺炎疫情影响广泛深远，经济全球化遭遇逆流,世界进入动荡变革期,单边主义、保护主义、霸权主义对世界和平与发展构成威胁。"①当今世界各国城市人口大量集聚,城镇化加速推进,人员跨境流动频繁,城市的安全风险越发错综复杂,特别是面临的非传统安全风险越来越大。面对像新冠肺炎疫情这种非传统安全风险,如果全周期管理意识不强,往往出现"头痛医头,脚痛医脚"的状况。

由于全周期意识不足,信息传播公开、透明和畅通程度,多元主体参与机制,社会力量参与疫情防控的能力等方面都有待加强,城乡基层在国家治理体系中的地位也需要提高。目前在城市治理中,基层治理资源不足,人员流动性大,中间层级多,使得社区和乡村治理成为治理的短板。城乡基层治理是一个系统工程,必须树立全周期管理意识,树立源头治理和系统治理的思维。

第二节 加强和创新共建共治共享城市社会治理的新格局

我国目前面临着中华民族伟大复兴战略全局和世界百年未有之变局,我国社会主要矛盾变化带来了新特征新要求,错综复杂的国际环境带来了新矛盾新挑战,民生保障存在短板,社会治理还有弱项,城乡基层治理面临新的课题。面对复杂的国内外新的矛盾和挑战,必须增强风险防范意识,善于转危为机,贯彻落实新发展理念,"统筹中华

---

① 《中共中央关于制定国民经济和社会发展第十四个五年规划和二〇三五年远景目标的建议》。

民族伟大复兴战略全局和世界百年未有之大变局,深刻认识我国社会主要矛盾变化带来的新特征新要求,深刻认识错综复杂的国际环境带来的新矛盾新挑战,增强机遇意识和风险意识,立足社会主义初级阶段基本国情,保持战略定力,办好自己的事,认识和把握发展规律,发扬斗争精神,树立底线思维,准确识变、科学应变、主动求变,善于在危机中育先机、于变局中开新局,抓住机遇,应对挑战,趋利避害,奋勇前进",① 加强和创新城乡基层社会治理新格局。"社会治理特别是基层治理水平明显提高,防范化解重大风险体制机制不断健全,突发公共事件应急能力显著增强,自然灾害防御水平明显提升,发展安全保障更加有力。"②

一、树牢"四个意识",坚定"四个自信",做到"两个维护",全面贯彻以人民为中心的执政理念

中国共产党的宗旨是全心全意为人民服务,它是具有人民性的政党,不是为一己私利的政党。只要将人民装在心里,相信人民,依靠人民,任何艰难险阻都能够克服。当前中国特色社会主义进入新时代,我国社会主要矛盾已经转化为人民日益增长的美好生活需要和不平衡不充分的发展之间的矛盾。这就要求城市管理者必须树立全周期管理意识,以人民的需求为管理目标。

---

① 《中共中央关于制定国民经济和社会发展第十四个五年规划和二〇三五年远景目标的建议》。
② 《中共中央关于制定国民经济和社会发展第十四个五年规划和二〇三五年远景目标的建议》。

二、树立全周期管理意识，打造一体化疾病预防控制体系和公共卫生防护体系

树立全周期管理的意识，坚持整体谋划、系统重塑、全面提升，加快补短板、堵漏洞、强弱项，全力以赴织牢公共卫生和疾病防控的防护网。尽快开展科学论证，改革完善疾控体系，优化疾控机构职能设置、功能布局。支持各地区依托综合性医院建设标准传染病区（院区），夯实社区卫生服务机构。健全疾控机构与医疗机构、城乡社区联动工作机制，始终盯紧城乡社区这个最后一公里，完善公共卫生和疾病防控体系。

非传统安全给全球社会治理带来难题。新冠肺炎疫情在全球的爆发和蔓延，说明非传统安全风险正在成为人类社会生产和人民生活的重要威胁，全球社会治理问题凸显，城乡基层治理亟须加强和完善。

我国目前城镇人口比重从2010年的17.92%发展到2020年的45.4%，城乡社会治理面临非传统安全风险的威胁。树立全周期管理意识，化解各种传统和非传统安全风险必须树立系统思维和底线思维，树立全周期管理意识。正如习近平总书记2020年3月10日在赴湖北省武汉市考察疫情防控时表示，要着力完善城市治理体系和城乡基层治理体系，树立全周期管理意识，努力探索超大城市现代化治理新路子。

三、依法治国是我国新时代推进城乡基层社会治理的有力保障

面对自然灾害和突发公共卫生事件，加强城乡基层治理全周期管理

是我国在推进国家治理体系和治理能力现代化进程中必须高度重视的全局性问题，也是完成国家治理最后一公里的落脚点。在依法治国的顶层设计中，将城乡基层治理全周期管理纳入法治轨道，使依法防疫、依法管理成为常态。启动修改《传染病防治法》《传染病防治法实施办法》《突发公共卫生事件应急条例》和《国境卫生检疫法》等法律法规，从预警、信息公布、防治和法律责任等方面进行完善，拓宽传染病防治中城乡基层医疗机构和有关单位的范围，发挥城乡基层在国家治理体系中的应有作用，多点筛查，重点确诊。完善突发事件法律责任体系，构建权责明确、程序规范、执行有力的疫情防控机制，从法律上完善重大突发传染病防控措施，明确规定政府部门和专业机构的职责。普及公共卫生安全和疫情防控法律法规，推动全社会依法抗疫。在抗疫斗争中，国家卫健委连续发布了多版新冠肺炎防控方案，指导各地科学抗疫。最高人民法院及时发布《关于依法妥善审理涉新冠肺炎疫情民事案件若干问题的指导意见（一）（二）（三）》，最高人民检察院及时发布涉新冠肺炎疫情严重暴力犯罪典型案例，全力依法维护社会秩序，从法律上保障了抗疫斗争的全面胜利。

依法治国、依法行政是中国特色社会主义法治的基本原则。党的十九届四中全会《决定》提出"健全党组织领导的自治、法治、德治相结合的城乡基层治理体系"，其中"自治"是本色，体现了城乡基层治理的本质属性和法定属性，影响着城乡基层社会的活力迸发；"法治"是主色，体现了城乡基层治理的工具属性和时代属性，决定着城乡基层社会的秩序维护；"德治"是亮色，体现了城乡基层治理的价值属性与特有属性，影响着城乡基层社会道德规范社会行为，促进社会和谐。只有清晰认知城乡基层治理中自治活力、法治秩序、道德规范相契合的源生内需与契合机理，才能通过角色定位、功能优化、政策调适和文化塑造，实现"三治融合"的集成型治理。

自治、法治、德治都是现代城乡基层治理的重要路径，但"三治融合"并非静态的简单叠加，而是要通过机制创新实现互动贯通，共融共生。

第一，健全充满活力的基层群众自治制度体系，提升基层民主的质量。要依法明确基层群众性自治组织的职权范围和规模，推行城乡基层公共事务准入制度和负面清单制度，确保基层群众性自治组织高效履行主责主业，实现减负增能。着力推进基层民主的制度化、规范化、程序化，依法保障居民参与选举的权利、表达需求的权利、维护利益的权利，提高基层民主的质量。

第二，健全公平正义的基层依法治理制度体系，提升基层法治的能量。要加快修订完善相关法律法规，为基层群众自治组织依法履职提供明确法律依据。提高基层干部群众用法治思维和法治方式解决社会问题，化解社会矛盾，维护社会秩序的能力。积极探索新时代"枫桥经验"的升级版和"市域社会治理"的创新版，努力将矛盾防治在源头、化解在基层。严禁基层治理中违法违纪等现象，努力让基层群众在每一部法律法规的制定中都能感受到公民的尊严，在每一次执法行为中都能看到正义，在每一件司法审判中都能感受到制度的力量。

第三，健全守正创新的德治制度体系，提高基层德治的含量。要大力发掘中华优秀传统文化中的正能量，充分继承革命文化的好传统，牢牢把握社会主义先进文化前进方向，培育城乡居民向上向善向美的社会风尚，凝聚社会向心力，促进社区认同走向社会认同。积极践行社会主义核心价值观，养成城乡居民文明、科学、健康的思维习惯和生活方式。建立健全社会道德评议机制和居民社会信用征信机制。激励城乡居民自觉约束社会行为，遵守社会秩序，恪守社会信用。①

四、完善公共卫生和突发事件信息的预警和发布机制，充分发挥媒体、专业机构和人员的作用

提升城乡基层风险治理能力，不单单是要强化跨界治理能力，更要强化监测识别预警和媒体的监督作用，提升风险管控能力。因此，化解重大风险和安全隐患，需要夯实风险监测和预警系统，实行预防为主、预防与应急相结合的原则，及时发布预警信息，通过媒体公开信息，引导相关部门和公众采取防控措施，从而化解或者规避重大风险。一是以实事求是的工作态度和对人民生命和财产安全高度负责的精神，宁可"十防九空"。二是善于收集媒体的信息，回应人民群众的关切，做到信息公开透明，避免谣言惑众。三是重视发挥专业机构和人员的优势。充分发挥专业人士的作用，相信专业人士的判断，听取专业人士的意见，快速做出决断，防患于未然。

五、构建多元一体的全民参与的治理模式

政府管理者并非只是超大城市治理的主体，广大居民也并非只是被政府治理的对象。每一个生活居住在超大城市的人，都既是超大城市治理的主体，也是超大城市治理的对象。所以超大城市的治理人人有责，需要全民参与。政府管理者与广大居民在治理体系中没有高低贵贱，但应有不同分工，承担不同的责任。要广泛开展治理教育，提

---

① 姜晓萍：《构建城乡基层治理新格局》，载求是网 2020 年 5 月 21 日。

高广大居民的治理主体意识、自我治理能力和参与超大城市治理的责任感和自觉性。要在公正、平等的基础上，共同构建超大城市层级清晰、有序的垂直方向全连接无间断的治理体系，把超大城市治理措施逐级落到实处。还要提倡"个人自治""居民自治""团体自治"和"社区自治"，构建水平方向全覆盖无空隙的治理体系。通过构建立体综合治理网络，对超大城市的所有现象及其时间与空间的发展过程实施全面监测和治理。

城乡基层治理的核心是建立多元主体参与、运行有效的治理体系。面对突发自然灾害和公共卫生事件，任何人、任何组织都不能独善其身。在灾难面前，必须发挥政府、市场和社会力量将灾害带来的问题尽量解决在萌芽状态。一是将人力、物力、财力向基层倾斜，夯实基层抗灾抗疫的能力和韧性。二是建立有效的诉求主动回应机制，充分发挥社区与物业、业主委员会的作用，构建以街道为主，社区和小区联动机制和应急管理体制。社区已经成为城乡"全周期管理"的桥头堡，居民日常生活管理和服务的前沿阵地。加强社区"全周期管理"是城乡治理体系中最重要的一环。目前我国社会治理逐渐下沉城乡社区，但社区管理还存在着社区管理和单位管理二元结构，社区对居民的管理并没有全覆盖。因此，树立社区全周期管理意识，加强社区全周期管理体制机制是加强城乡治理体系的重中之重。三是在社区和小区建立户长制或者楼长制以及长效的志愿者制度，利用信息技术建立切合实际的应急管理体制。如北京市启动突发公共卫生事件一级响应后，上地街道党工委迅速做出部署，要求各社区将疫情防控作为第一要务，要求物业企业服从社区安排，承担起社区封闭式管理责任。一方面，针对社区内楼宇大厦多、企业返京人员多的特点，上地街道抽调干部下沉社区，每人承包一栋商务大厦，与物业公司负责人共同担任楼长，形成"双楼长制"，分别承担属地责任和单位责任，共同开展疫情防控工作。另一方面，针对商务楼宇疫情防控可能存在的漏洞死角，上地街道成立联合检查组，由城管执法队、市场监督所、卫生监督所、派出所、房管所、党群服务站等单位的人员组成，对商务楼宇开展联合检查，促使企业和个人全面落实责任。实现城市管理中不留死角的事前、事中、事后的全周期闭环管理。建立事前制订预案，事中多元主体参与，事后监督执纪问责治理机制，调动社会各领域积极参与城市治理，提升城市的应急能力和治理效能，更好地补齐城市治理体系的短板和弱项。

在城乡基层治理中，夯实社区和乡村治理，减少中间环节，将治理资源下沉到一线，从而打通基层治理的最后一公里，更好地发挥基层党建引领作用，统筹好政府、市场和社会的力量，让群众知情、参与、监督，调动每一个"城市细胞"的积极性，真正形成基层社会治理共同体，形成共建共治共享的协同管理机制。习近平总书记指出，一个国家治理体系和治理能力的现代化水平很大程度上体现在基层。基础不牢，地动山摇。要不断夯实基层社会治理这个根基。提高社区治理效能，关键是加强党的领导。要推动党组织向基层延伸，把基层的工作做好，这样才能"任凭风浪起，稳坐钓鱼台"。全球化时代，各国经贸联系更加紧密，人员流动更加频繁，人类不断面临各种传统安全和非传统安全问题的考验。完善共建共治共享的社会治理制度，实现政府治理同社会调节、居民自治良性互动，建设人人有责、人人尽责、人人享有的社会治理共同体是当今全世界面临的新课题。要破解这个难题，根本在于加强和创新基层社会治理，充分调动每个"社会细胞"的积极性，将矛盾纠纷化解在基层，将和谐稳定创建在基层。建立社区利益共同体、实现居委会实权治理、大力培育社会组织、构建社区居民参与机制。

第一，建立社区利益共同体。社区应建立共同体，促进社区居民沟通互动，增加居民之间的信任与合作，逐步增进彼此感情及亲密关系，形成社区网络。增加社区活动，提高居民参与社区公共事务的积极性与参与度，提升社区管理能力。活动以邻里互助为主，提升居民参与意识，贯彻落实社会主义核心价值观。社区共同体的建立是社区居民自我管理、自我服务、自我教育的过程，亦可提升社区治理能力，可充分借鉴前人经验积极落实。

第二，大力培育社会组织。社区社会组织是隐藏在社会关系结构中的社会资源，充分开发利用社区社会资源可提升社区行动力，促进社区治理水平的提高。且社区社会组织存在多元化特征，社区居民可通过社区社会组织活动实现其人生价值，提高其对社区的归属感及认同感。社区培育社会组织应从三个方面着手：首先，扩大组织规模。社区可通过扶持社区内社会组织实现人力资源的统一，提升社区组织力及归属感，逐步养成社区意识。如积极扶持社区内中小公司，充分利用企业资源实现社区居民自治，提升基层治理能力。其次，积极落实社会组织多样化原则。积极组织大学生、志愿者、本社区成员、隔壁社区成员参与社区组织活动之中，充分了解本社区文化，积极参与本社区各项活动。社区社会组织建设要坚持服务社区居民为第一原则，坚持为社区居民提供各类服务，大力满足社区居民需求。最后，强化社区社会组织的管理职能。落实社区网格长的监管职能，强化社区组织内部管理，在丰富社区社会组织基础上提升社区各组织之间的凝聚力与向心力，实现社区社会组织的可持续发展。

第三，实行多元化基层协同共治原则。首先，必须坚持党的领导，充分发挥区域内党组织的优势，协同治理乡村基层。其次，充分发挥社群作用。坚持社区共建共治共享原则，充分发挥政府在购买服务、设立项目资金及活动补贴等方面的作用,积极为基层公共事业及公益服务事业提供经济保障,落实村自治活动。最后,充分发挥村"两委"在重大事项协商、土地纠纷处理等领域的作用,落实村支书带头作用,提升基层治理效果。

第四,构建"四个平台"现代化专业治理结构。为解决企业基层治理不到位问题,需以"四个平台"为依托,积极实现村基层数据共享,构建一张无重复、无交叉、无缝隙的基层治理网络。首先,构建基层治理体系。积极组织基层治理的联村干部、基层站工作人员、网格员、镇管理员构建四位一体管理体系,形成"四个平台"现代化治理构架。其次,充分壮大基层治理队伍。推动网络管理落到实处,实行"网格长、村委会、指挥室、镇领导"效绩考核捆绑,将基层治理责任落到实处,坚持一事双责原则。如有基层治理不到位的现象可进行询问处置,共同解决治理问题。最后,建立信息资源共享平台,依托平台实现基层治理内容及政务信息共享,实现乡镇两级迅速联动。如有问题及时向上反映,启动应急预案。积极整合各部门信息,将"四个平台"与110、12345热线、网络问政、数字城管等业务进行联网扩展,实现信息数据网络共享。同时该平台需丰富资源库建设,提供相关案例可供查询,落实专业化治理,提升治理能力。①

六、利用大数据加强疾病常态化预防和构建疾病救治体制机制

建立智慧化预警多点触发机制,优化应急响应机制,健全重大疫

---

① 李庆勇:《新时代城乡基层治理体系和治理能力现代化存在的问题及对策》,载《中文信息》2020年第5期。

情救治机制，建设疫情防控平台建设。建设国家医学中心、区域医疗中心和战略物资储备中心。推进城市医疗集团、县域紧密型医共体建设发展，加强乡镇卫生院和社区卫生服务中心、村卫生室建设。建设和加强从中央到城乡基层的疫情防控平台，共建共治共享疫情信息，防患于未然。通过建设智慧城市，对超大城市实施智慧治理，可以降低治理成本，提高治理效率和质量。在大数据时代要善于运用智慧交通、智慧医疗、智慧教育等前沿科技应用技术，对城市实施智能化管理，进一步提升城市管理水平，提高城市治理能力。城乡基层治理的全周期管理可以借助大数据和人工智能实现智能化管理，提高社区的工作效率。一是要搭建城乡基层智慧治理云平台。大力推进"大数据+基层治理"，扎实推进共享型"城乡基层治理公共资源大数据平台"建设。二是要整合城乡基层社会安全监控系统。提升社会风险识别、预警、应对的智能化水平。三是要持续加强智慧社区、智慧小区建设。加快人工智能、大数据、5G、区块链等与社区治理和服务体系的深度融合，实施"互联网+社区"行动。努力实现服务主体的多元化、服务对象的多样化、服务方式的智能化、服务内容的精准化、服务质量的标准化、服务机制的协同化。

七、加强疫情防控的国际合作抵御非传统安全风险，践行人类命运共同体理念

在人类社会发展的历史长河中，新发传染病是人类生命健康的重大威胁。一部人类文明史就是人类同瘟疫进行殊死斗争的历史。天花、鼠疫、出血热等传染病曾经夺去无数人的生命和给社会经济造成巨大破坏。在经济全球化的今天，随着人类活动范围不断扩大、跨境流动

频繁，为新发传染病的快速扩散和蔓延创造了条件，严重威胁人类的健康。国际社会应当秉持人类命运共同体理念，共同携手应对日益严峻的全球性挑战，积极开展国际合作，推动人类社会共同抗疫，建设安全、和谐和美好的人类家园。首先，应当支持世界卫生组织发挥全球抗疫领导作用，各国应当分享防控和救治经验，为应对疫情能力薄弱的国家和地区提供力所能及的帮助，推动构建人类卫生健康共同体。我国主动与国际社会分享了新冠肺炎疫情和病毒信息、抗疫经验，全面参与相关国际标准、规范、指南的制定，分享中国方案、中国经验，体现了负责任大国的担当。其次，世界各国应当加强互利互惠合作，继续推进经济全球化，坚定维护多边贸易体制，维护全球产业链供应链安全畅通运转，共同推动世界经济早日重现繁荣。最后，各国应一道推动形成更加包容的全球治理、更加有效的多边机制、更加积极的区域合作，共同应对地区争端和恐怖主义、气候变化、网络安全、生物安全等全球性问题，共同创造人类更加美好的未来。

第四章
现代化城市治理必须坚持党的领导

第一节 党的领导是城乡社会治理的根本保证

东西南北中,党政军民学,党是领导一切的。坚持和完善党的领导,是党和国家的根本和命脉所在,是全国各族人民的利益所在、幸福所在。《中共中央关于党的百年奋斗重大成就和历史经验的决议》指出,中国共产党是领导我们事业的核心力量。中国人民和中华民族之所以能够扭转近代以后的历史命运、取得今天的伟大成就,最根本的是有中国共产党的坚强领导。党的十八大以来,党不断推动全面深化改革向广度和深度进军,中国特色社会主义制度更加成熟更加定型,国家治理体系和治理能力现代化水平不断提高,党和国家事业焕发出新的生机活力。城乡社会治理作为国家治理的重要组成部分,要始终坚持中国共产党的领导。①

---

① 林伯海:《以党建为引领构建基层社会治理新格局》,载《四川日报》2019年12月12日。

一、中国共产党是城乡社会治理的领导核心

习近平总书记指出:"中国有了中国共产党执政,是中国、中国人民、中华民族的一大幸事。"中国共产党的领导地位是我国在革命、建设和改革的历史进程中逐步确立的,中国共产党的领导是中国人民的自主选择,也是中国历史发展的自然选择。深入了解中国近代以来的历史,不难发现中国共产党在百年来领导中国人民革命、建设和改革的光辉历程中,坚持将马克思主义基本原理与中国实践相结合,与时代特征相结合,与时俱进,开拓创新,团结中华各族人民夺取了一个又一个胜利。中国特色社会主义正是中国共产党在领导革命和进行社会主义建设的过程中得来的,是党和人民历经千辛万苦、付出各种代价取得的宝贵成果,而取得这一成果最根本的就是中国共产党的坚强领导。中国共产党是中国特色社会主义事业的开创者、推动者、引领者,团结带领人民开辟了中国特色社会主义道路,创立了中国特色社会主义理论体系,确立了中国特色社会主义制度。历史和现实证明,没有中国共产党的领导,就没有中国特色社会主义的产生与发展。如果没有中国共产党的领导,就没有中华民族今日取得的辉煌成就。坚持中国共产党的领导是坚持和完善中国特色社会主义制度、推进国家治理体系和治理能力现代化的根本保证。同样,坚持并完善中国特色社会主义制度、推动国家治理体系和治理能力现代化,也是全党的一项重大任务。正是因为中国人民始终坚持党的领导,在每次伟大历史转折关头、在进入改革开放的新阶段和中华民族伟大复兴的新征程上成功应对一系列重大挑战、克服一切艰难险阻,不断完善中国特色社会主义制度和国家治理

体系。① 新冠肺炎疫情伊始，党中央面对突如其来的严重疫情，统揽全局、果断决策，坚持将人民群众的生命安全和身体健康置于首位，在第一时间实施集中统一的领导，中央政治局常委会、中央政治局召开二十余次会议研究商议，领导组织党政军学、东西南北中大会战，提出"坚定信心、同舟共济、科学防治、精准施策"的总要求，明确将"坚决遏制疫情蔓延势头、坚决打赢疫情防控阻击战"作为总目标。在应对疫情过程中，党中央成立应对疫情工作领导小组，派出中央指导组，建立国务院联防联控机制，提出"早发现、早报告、早隔离、早治疗"的防控要求，确定"集中患者、集中专家、集中资源、集中救治"的救治要求，全力以赴救治患者，国家承担全部治疗费用，最大限度地提高了治愈率、降低了病死率。也正是在党的坚强领导下，各级党委和政府、各部门各单位闻令而动，全国社区、乡村、企业、事业单位等都各就各位，迅速形成"统一指挥、全面部署、立体防控"的战略布局，有效地遏制了疫情的再度大范围扩散，最大限度地保护了全国人民的生命安全和身体健康。同时，在抗击疫情的过程中，广大党员不忘初心、牢记使命，充分彰显了中国共产党人的担当和勇气，充分地发挥了先锋模范作用。正是因为有中国共产党的坚强领导、全国人民对中国共产党的拥护和支持，中国才能迅速地遏制疫情，才能打赢这场疫情阻击战。因此，办好中国的事情，关键在于中国共产党的领导。只有毫不动摇地坚持和加强党的全面领导，增强党的政治领导力、群众组织力、组织号召力，保持与广大人民群众的血肉联系，才能形成强大合力，应对各种复杂的局面和艰巨的挑战。

---

① 孔昕：《坚持中国共产党领导是中国特色社会主义制度和国家治理体系的本质特征》，载《新湘评论》2019年第22期。

首先，中国共产党的领导是现代化城市和城乡基层社会治理的灵魂和坚强后盾。

社会治理的逻辑起点在于社会，社会治理过程中出现的各种问题和各项挑战都很复杂，这就要求中国共产党作为社会治理的核心力量必须发挥其统筹规划的作用。党的十八大以来，中国特色社会主义进入新时代，我国也迎来了改革发展的关键时期，面临着前所未有的挑战和风险，而面对这种新的时代任务和挑战，实现伟大事业和伟大梦想，更加离不开中国共产党的领导。坚持党的领导是党和国家的根本所在、命脉所在，更是全国各族人民的利益所在、幸福所在。① 中国共产党在中国特色社会主义建设中居于领导核心地位，始终是中国国家治理体系变革的推动力量。② 党的十六届四中全会以来，国家逐渐强调探索"党委领导，政府负责，社会协同，公众参与"的社会管理新格局。

党的十八大以来，我国社会建设全面加强，从社会管理到社会治理，从加快形成科学有效的社会治理体制到打造共建共治共享的社会治理格局，社会治理的社会化、法治化、智能化、专业化水平不断提升，使人民获得感、幸福感、安全感更加充实、更有保障、更可持续。随后，党的十八届三中全会提出"推进国家治理体系和治理能力现代化"的重大命题，并确定了"完善和发展中国特色社会主义制度，推进国家治理体系和治理能力现代化"为全面深化改革的总目标，并进一步明确了"加强党委领导，发挥政府的主导作用，鼓励和支持社会各方面参与，实现政府治理和社会自我调节、居民自治良性互动"，意味着

---

① 牟广东：《深刻理解党的领导是中国特色社会主义的最本质特征》，载《沈阳日报》2020年8月13日。

② 郑言、李猛：《推进国家治理体系与国家治理能力现代化》，载《吉林大学社会科学学报》2014年第2期。

我国社会治理结构正由"一元"中心治理转向党建引领下的多元治理结构。① 党的十八届五中全会进一步强调了,"十三五"要实现"国家治理体系和治理能力现代化取得重大进展"。党的十九大作出21世纪中叶将我国建设成富强民主文明和谐美丽的社会主义现代化强国的战略安排,确立的制度建设和治理能力建设的目标是到2035年,"各方面制度更加完善",分别就修改宪法和深化党和国家机构改革作出部署,将制度建设和治理能力建设推向重要一步。中国国家治理体系和治理能力现代化基本实现,从2035年到本世纪中叶,"实现国家治理体系和治理能力现代化"。为促进这一目标的实现,党的十九届二中全会和三中全会认为,中国共产党是整个国家治理的领导力量,具有总揽全局、协调各方的能力,社会治理属于党的重要任务,并且在社会治理中居于领导核心地位。社会治理过程中需要面对关系复杂的社会主体、利益主体,面对社会治理出现的各种新问题、新挑战,若没有党中央的统筹规划,任何个人抑或组织都不能单独作出系统化的安排,任何个人或团体都不能实现社会治理的现代化。党的十九届四中全会着眼于党长期执政和国家长治久安,对坚持和完善中国特色社会主义制度、推进国家治理体系和治理能力现代化作出总体擘画。党的十九届六中全会通过的《中共中央关于党的百年奋斗重大成就和历史经验的决议》指出,必须坚持党的全面领导特别是党中央集中统一领导,坚持民主集中制,确保党始终总揽全局、协调各方。因此,坚持中国共产党的领导是现代化社会治理的灵魂和坚强后盾。

其次,城乡社会治理离不开中国共产党的统筹规划。

中国共产党在我国政治生活中的领导核心地位是中国革命、社会

---

① 李友梅:《中国社会治理的新内涵与新作为》,载《社会学研究》2017年第6期。

主义建设和改革历史过程中广大人民群众的自然选择。党在中国特色社会主义建设中的领导核心地位，使得我国城乡社会治理机制的设计和运行逻辑不能脱离党的领导而单独存在。近年来，随着社会治理重心向城乡基层的转移，党和政府也更加注重城乡社会治理体系的内在联系，并在党的十九大报告中提出"推动社会治理重点向基层下移"。此外，党的十九大通过的新修订的党章第三十三条规定："街道、乡、镇党的基层委员会和村、社区党组织，领导本地区的工作和基层社会治理，支持和保证行政组织、经济组织和群众自治组织充分行使职权。"这也是"党领导基层社会治理"首次出现在党章之中。① 实际上，社会治理的重心在城乡基层社区。近年来，党中央和国家更加清晰地预见到了城乡基层社会建设可能遇到的困难，因此也更加强调在社会治理体制的改革上有整体性的思维观，并且更加注重城乡社会治理体系的内在联系。随着我国市场经济的发展，我国社会主要矛盾也转变成为人们日益增长的美好生活需要和不平衡不充分的发展之间的矛盾，各地社会治理的实践不只是要关注人们最低生活保障的提高，更要重视住房、医疗、教育、就业等各项社会保障的完善，在更高层次上构建社会诚信与社会安全网络。② 作为世界上最大的发展中国家，在我国现代化社会治理进程中，如果脱离了中国共产党这一先进政党的领导，非但无法充分挖掘城乡社会的有益力量，反而会影响城乡社会的现代化治理。

---

① 祝灵君：《党领导基层社会治理的基本逻辑研究》，载《中共中央党校（国家行政学院）学报》2020年第4期。

② 李友梅：《中国社会治理的新内涵与新作为》，载《社会学研究》2017年第6期。

二、党中央对城乡社会治理的总体要求

党的十八届三中全会提出要完善和发展中国特色社会主义制度，推进国家治理体系和治理能力现代化，并将这一目标作为全面深化改革的总目标。在实现国家治理体系和治理能力现代化提升的过程中，城乡社会治理既是基础，也是实现总目标的方式和手段。我国城乡社会治理体制经过长期的改革和发展，取得了突出进展，但为进一步推进治理能力的提升，党中央以及各级政府都对基层治理创新高度重视，不断加强顶层制度设计和宏观指导。

在此过程中，党中央关于城乡社会治理创新的政策要求是"基层社会是我国社会稳定和发展的基石"，将"社会管理"上升至"社会治理"，鼓励多层次、多主体参与城乡基层社会的治理。党的十六届四中全会首次提出社会管理体制创新的概念，之后，党的十八大报告明确提出，"要更加注重改进党的领导方式和执政方式，保证党领导人民有效治理国家"，这要求党继续理顺各种权力关系，通过不断引导多元参与以及治理机制创新，逐步使城乡社会治理走向制度化和法制化。此外，还对治理方式提出更高要求，在具体的治理过程中，避免使用强制性方式，积极做好利益的协调者、治理方向的引导者和资源的整合者，为社会治理搭建更加便利的服务平台，创造良好的制度环境，营造多元主体共同合作共同参与的社会氛围。[①] 党的十八届三中全会明确提出："创新社会治理体制，提高社会治理水平"，十八届四中全会进一

---

① 郑言、李猛：《推进国家治理体系与国家治理能力现代化》，载《吉林大学社会科学学报》2014年第2期。

步提出，坚持系统治理、依法治理、综合治理、源头治理，提高社会治理法治水平。党的十九大报告提出推动社会治理重点向基层下移。党的十九届四中全会是推进国家治理体系和治理能力现代化的一次重要会议，会议强调：坚持和完善共建共治共享的社会治理制度，并对社会治理理论和社会治理体系建设提出了重要创新：第一，将社会治理置于国家治理体系的重要地位，也置于国家安全体系的一部分，提高了社会治理的政治地位；第二，实现了由"社会治理体制"到"社会治理体系"的变化；第三，增加"民主协商""科技支撑"作为社会治理体系的组成部分；第四，提出建设"社会治理共同体"这一新概念；第五，重视基层社会，构建基层社会治理新格局。这次会议将中国特色社会主义治理理论上升到一个新的境界和新的高度，实现了质的飞越。[①]

城乡社会关涉人民生产生活，关注城乡基层社会治理是党和国家对新时代社会矛盾变化的有效回应。推进改革发展稳定的大量任务在基层，推动党和国家各项政策落地的责任主体在基层，推进国家治理体系和治理能力现代化的基础性工作也在基层。总体而言，从"社会管理"到"社会治理"的转变是一种治理理念的改变和创新。城乡社会治理理念的提出，一方面，标志着中国共产党的治理方式发生改变；另一方面，党中央提出基层社会治理体系，其目的也在于促进政府与社会的良性互动，实现城乡社会"善治"的目标。[②] 为适应党中央对城乡社会治理理论的提升，进一步推进城乡社会治理，党中央对城乡社

---

① 午言：《中国特色社会治理的发展之路》，载《实践（党的教育版）》2020 年第 3 期。
② 王彦平：《中国基层社会治理及创新研究——以山西省 H 县为例》，山西大学 2016 年硕士学位论文。

会治理提出了更高的要求。一是依法治理。党的十八届四中全会通过的《中共中央关于全面推进依法治国若干重大问题的决定》提出"全面推进依法治国，是坚持和发展中国特色社会主义、实现国家治理体系和治理能力现代化的必然要求"。"依法治理"作为一个社会治理中的重要理念，不只是对社会治理具有重要指导作用，更对于国家治理现代化有重要意义。城乡基层社会在很多情况下是人情社会，按照非正式规则协调人与人的关系是基层社会的重要调节手段。然而，这与城乡治理体系现代化和法制化要求是不相符的，因此，党中央强调了"依法治理"在社会治理过程中的重要特点。二是多元主体参与。治理主体多元是城乡社会治理的应有之义，党中央关于城乡社会治理的文件也多次强调多元主体参与和社会协同治理之必要性。多元主体参与社会治理是实现我国城乡社会治理体系现代化，提高基层社会治理能力和水平的重要保障。因此，各级政府要及时转变管理理念，增强服务意识，改进政府治理方式，为多元治理主体参与社会治理提供便利。城乡社会也要进一步完善社会治理体系，积极引入城乡社会组织参与治理过程。三是促进社会治理体系创新。随着我国城镇化进程逐渐加快，城乡社会治理范围日益模糊，城乡社会不断涌现出超越城乡界限的复杂问题。因此，为了应对传统管理体制无法有效解决城镇化进程中人口频繁流动所带来的各种新问题，加强对城乡社会治理体系的创新更加重要。

三、党组织建设引领城乡社会治理

党建引领城乡社会治理是我国社会治理的新趋势。同时，以党建引领城乡基层社会治理是新时代推进国家治理体系和治理能力现代化的必然要求①。城乡社会治理不只是简单维护社会秩序，更是要将党的思想、路线方针和政策贯彻到城乡基层。在基层社会治理中，党作为社会治理的核心力量，党建水平直接影响到城乡社会治理的效果。因此，在城乡社会治理过程中，要重视发挥党建对城乡社会的治理作用。

加强党的政治领导，增强党的政治功能。中国共产党历来是一个具有鲜明政治属性和高度政治自觉的政党，政治领导是其首要功能，党的政治功能为社会治理提供了方向、路线和标准，从而增强社会治理的凝聚力和方向感。增强党的政治功能，发挥党组织的政治引领作用，第一要坚持全面从严治党，将基层党支部建设成为党组织在城乡社会中的战斗堡垒。党的十九届四中全会报告指出："把不忘初心、牢记使命作为加强党的建设的永恒课题和全体党员、干部的终身课题，形成长效机制，坚持不懈锤炼党员、干部忠诚干净担当的政治品格。"将基层党支部建设成为不忘初心、牢记使命的社会治理的服务者，探索党员干部教育、监督和服务的举措②。第二，发挥思想引领作用。改革开放以来，物质文明建设和精神文明建设"两手抓"成为党的思想引领的主基调，如20世纪80年代初提出"五讲四美三热爱"，21世纪初提出"八荣八耻"，党的十六届六中全会提出建设社会主义核心价值体系，党的十八大提出倡导社会主义核心价值观。党的十八大以来，践行社会主义核心价值观，弘扬"撸起袖子加油干"的奋斗精神，是新时代党的思想引领的重要内容。③第三，发挥方向引领作用。随着社会发展

---

① 午言:《中国特色社会治理的发展之路》，载《实践（党的教育版）》2020年第3期。
② 祝灵君:《党领导基层社会治理的基本逻辑研究》，载《中共中央党校（国家行政学院）学报》2020年第4期。
③ 祝灵君:《党领导基层社会治理的基本逻辑研究》，载《中共中央党校（国家行政学院）学报》2020年第4期。

的不断推进，城乡社会治理体系逐渐复杂，涉及城乡社会治理的关键的方向性问题和具体事务问题层出不穷，而方向性问题又严重关系到城乡社会治理的成效。因此，在众多方向性问题的决定上，党组织更要发挥领导核心作用，把好治理方向，确保城乡社会治理的正确方向和统筹规划，并且做好社会治理体系的完善。在具体操作上，要积极发挥社会治理各主体的智慧，协调城乡社会治理主体的关系，整合社会治理主体的力量资源，努力形成共建共治共享的社会治理格局，提高我国社会治理的专业化水平。①

第一，坚持"以人为本"的治理理念，加强服务型基层党组织建设。中国共产党在推进中国特色社会主义建设、构建社会主义和谐社会的进程中提出了"以人为本"的理念，将人的生命、福祉、平等和自由作为社会治理的终极关怀。党的十八大以来，以习近平同志为核心的党中央在"以人为本"理念的基础上提出"以人民为主体"的理念，强调一切为了人民，一切依靠人民。党的十九大期间，习近平总书记进一步明确提出"以人民为中心"的执政理念和发展思想，这实际上深化了"以人为本"和"以人民为主体"的理念。"以人民为中心"是新时代推动人的全面发展和社会全面进步的基本遵循，也是城乡社会治理的核心理念。习近平总书记指出："创新社会治理，要以最广大人民根本利益为根本坐标，从人民群众最关心最直接最现实的利益问题入手"，"加强和创新社会治理，关键在于体制创新，核心是人。"因此，城乡社会治理应当做到社会治理为了人民，社会治理依靠人民，社会治理成果由人民共享。现代化社会治理必须始终将实现好、维护好、发展好最广大人民群众的根本利益作为根本目的。在社会治理的各个

---

① 午言：《中国特色社会治理的发展之路》，载《实践（党的教育版）》2020年第3期。

环节和各个方面都要将体现人民利益、反映人民意愿、维护人民权益、增进人民福祉置于城乡社会治理的出发点和落脚点,做到关切人民最迫切的愿望、关心人民最切身的感受、解决人们最急迫的问题。第二,坚持社会治理依靠人民。现代化社会治理必须紧紧依靠群众,挖掘基层社会中蕴含的社会治理智慧,不断培养社会治理特别是基层社会治理的内生力量,将更多社会治理资源和力量投入到人民群众中。此外,进一步增强党组织在群众中的影响力和号召力,引导人民群众自我教育、自我管理、自我监督,引导群众积极参与自我服务,鼓励并支持人民开展多元合作与协同共治,共同应对社会问题、化解社会矛盾[①],逐渐形成以党组织为核心、全社会共同参与的服务格局[②]。第三,坚持社会治理成果由人民共享。社会治理是为了人民,社会治理的成果必然由人民共享。人民群众是社会治理成效的检验者,这也是因为人民群众生活在基层社会,对于一切社会治理的举措都具有最直接的感受,社会治理成效取决于人民在生活中的获得感、幸福感、安全感,取决于人民群众关切的问题是否得到解决,社会治理的结果是否对人民有益。做好社会治理工作,将更多的资源下放到基层,提供更加精细化的服务,正是要实现治理成果为人民共享。

构建群众参与的多元治理主体格局。长期以来,党在国家治理方面的核心地位比较突出,党和政府的社会管理活动涉及社会生产生活的各个方面,在社会治理中具有社会生产组织者、社会资源分配者以及社会稳定的维护者等多重身份。随着中国社会的不断发展,大量社会

---

① 张文显:《新时代社会治理的理论、制度和实践创新》,载《法商研究》2020年第2期。
② 徐迪、赵连章:《社区治理中基层党组织建设的功能、挑战与对策》,载《社会科学战线》2015年第9期。

组织涌现，为多元治理主体参与社会治理奠定了一定基础。同时，社会公众参与社会管理的意愿和要求也更加强烈，社会公众参与社会管理的能力也得到了提升，许多城乡在基层社会治理过程中也逐渐积累了一些值得推广的经验。在社会治理创新中，不仅要容纳大量社会组织的存在和发展，还要自觉认识并适应社会形势发展的需要，确立党组织与社会组织的合理关系，发挥引领作用和凝聚作用，调动社会治理主体的积极性，通过组织、指导人民群众参与社会建设和社会管理，使人民群众和社会组织成为多元治理主体，逐渐形成多方参与、共同治理的社会治理局面。① 具体而言，构建群众参与的多元治理主体格局要做到：第一，继续完善法律法规。"经国序民，正其制度。"习近平总书记高度重视社会治理制度建设，在党的十九大报告中提出"社会治理制度"这一概念，指出"加强社会治理制度建设，完善党委领导、政府负责、社会协同、公众参与、法治保障的社会治理体制"。"社会治理制度"这一概念的提出和理论阐发，不仅丰富了社会治理理论，也为党组织引导人大、政府、社会组织、人民群众等多元社会主体参与社会治理提供制度前提。第二，培育各治理主体依法律制度办事、有序参与社会治理的意识和能力。党组织应当积极发挥模范和引导作用，以身作则科学执政，自觉遵循执政规律，将部分领域和环节交由社会组织、社会自治机构管理。在法律和制度的约束下，实现政府和社会组织、自治机构、人民群众等社会治理主体的有序互动。第三，及时向人民群众公开，调动人民群众参与社会管理的积极性。定期向群众公开决策结果和执行过程，一方面为人民群众有序参与社会治理过程提供途径，锻炼人民理性参与、依法参与的意识和能力；另一方面有利

---

① 陈文新：《基层党组织：社会管理创新的政治资源》，载《理论与改革》2012年第4期。

于群众民主监督，促进党和政府依法办事。①

创新党建引领社会治理的路径。随着社会结构的变动、经济体制的变革、思想意识的转变，社会治理涌现出许多新问题，对党组织建设提出了新的挑战。然而，许多党组织仍然停留在"管理社会"的思维模式之中，习惯采取传统方法应对问题、化解矛盾。主要体现为：不善于运用新方法、新手段解决新问题；不善于运用经济、法律等手段化解新矛盾；遇到问题"一刀切"，无法因地制宜；等等。因此，社会治理必须进行结构改革和制度创新。进入 21 世纪，信息技术革命进程不断加快，以信息技术为依托的大型协作性组织迅速渗透到各行各业，使人们的生产生活方式逐渐向"平台化"和"互联网化"靠拢。这种机制不仅仅适用于企业和社会组织，还普遍适用于政治机构的运行和管理。② 因此，党组织要善于运用互联网技术和信息化手段开展工作，将互联网高效、智能的优势充分体现在党建中，并适当将这种新方式用于社会治理中，鼓励人民群众和社会组织及时学习互联网知识和使用互联网的方法③。此外，让社会治理既有秩序又具活力，仅依靠上下贯通的组织体系难以完全做到，必须广泛建立和利用平台机制，实现社会治理平台化，采用自治平台、社会组织平台、大数据平台等机制，促进社会治理的有效互动，增强社会治理④，提升社会治理的水平。最

---

① 郑言、李猛：《推进国家治理体系与国家治理能力现代化》，载《吉林大学社会科学学报》2014 年第 2 期。

② 祝灵君：《党领导基层社会治理的基本逻辑研究》，载《中共中央党校（国家行政学院）学报》2020 年第 4 期。

③ 荀明俐、赵雪：《新时代基层党建引领社会治理创新》，载《齐齐哈尔大学学报（哲学社会科学版）》2019 年第 7 期。

④ 祝灵君：《党领导基层社会治理的基本逻辑研究》，载《中共中央党校（国家行政学院）学报》2020 年第 4 期。

后，创新是自上而下的突破，需要通过政策激励党员干部锐意进取、勇于突破，在社会治理方法上取得创新性成果，不断提高城乡社会治理现代化水平。①

第二节 基层党组织的引领作用是城乡社会治理的基础

对于基层党组织而言，就是要将党的领导地位和作用贯穿到基层社会治理的全过程，在推动社会治理过程中，不断汲取执政资源、不断夯实执政基础、不断提升党组织的凝聚力和战斗力，以显著的执政绩效赢得人民的信任和支持。② 可以说，基层党组织的引领作用是城乡社会治理的基础。

一、基层党组织是城乡社会治理工作和力量的基础

在社会治理过程中，中国共产党是城乡基层社会治理的领导力量，而党正是通过基层党组织的运行实现对社会治理工作的开展的，基层党组织在基层社会分布的广度和深度直接决定党在社会治理中功能的发挥和目标的实现。基础不牢，地动山摇。党的基层组织是确保党的路线方针政策贯彻落实的基础。党的力量来自组织，组织能使党的力量倍增。党的全面领导和全部工作部署要靠党的坚强组织体系来实现。

---

① 布成良：《党建引领基层社会治理的逻辑与路径》，载《社会科学》2020 年第 6 期。
② 陈文新：《基层党组织：社会管理创新的政治资源》，载《理论与改革》2012 年第 4 期。

基层党组织建设加强时，基层社会治理也随之加强，社会主义建设事业也会蓬勃发展。一旦基层党组织软弱涣散，便会严重制约全面从严治党的纵向发展，影响党的基层组织战斗堡垒作用的发挥，基层社会治理就会出现混乱，社会主义建设事业也会受到阻碍。①党的十七届四中全会通过《中共中央关于加强和改进新形势下党的建设若干重大问题的决定》，明确了新形势下"党的基层组织是党全部工作和战斗力的基础，是落实党的路线方针政策和各项工作任务的战斗堡垒"。党的十九大报告提出要将基层党组织"建设成为宣传党的主张、贯彻党的决定、领导基层治理、团结动员群众、推动改革发展的坚强战斗堡垒"。而"领导基层治理"正是党的十九大对基层党组织在城乡基层社会治理中的定位。由此可见，基层党组织在基层社会治理中居于核心地位，是党的工作和力量的基础，是联系党和群众的桥梁和纽带，是基层社会治理中最活跃的力量，是城乡基层社会治理的关键。

中国共产党是社会治理的领导核心，拥有从中央到地方再到基层的严密的组织体系，而基层党组织就是党组织的基本单元，分布在城市社区、乡村、社会组织和企业等基层单位。基层党组织在各个基层组织中居于领导核心地位，承担着组织开展党的各项活动、落实党的方针政策，团结广大党员实现党的意志和目标等重要作用。从政治领导上看，基层党组织掌握和熟知党的路线方针政策，依据法律和党内法规开展各项工作，在法律和党内规章的约束下，能动地发挥城乡社会治理主心骨的作用，确保城乡社会治理不偏离党和国家设计的发展

---

① 龚云：《以提升组织力为重点　提高基层治理能力》，载《中国党政干部论坛》2019年第11期。

方向和预期目标。此外，从党群关系来看，基层党组织始终坚持"从群众中来，到群众中去"的群众路线。基层党组织利用自身在城乡群体组织的影响力，发动群众、依靠群众，实现群众共同参与城乡社会治理。从社会治理层面上看，基层党组织作为党的基层组织，服从党的决定，执行党的路线方针政策，依据党总体工作的预设目标，制定基层社会治理的具体方案，完善治理工作的相关制度，将广大基层人民群众团结起来，解决城乡发展问题，解决人民群众所想所需，促进城乡建设发展，成为城乡社会治理工作的有效管理者。[①]

基层党组织是党联系和服务人民群众的桥梁和纽带。在城乡社会治理过程中，基层党组织不仅要加强在基层社会中各方面的领导，还需要站在人民群众的立场上，服务好广大群众。基层党组织身处人民群众生活生产的基层社会，可以直接传达党的意志，听取群众的意见和心声。一方面，基层党组织能够直接向群众宣传解读党的思想路线和政策方针，传达党的意志和思想；另一方面，向党组织反映群众的真实诉求和需求，帮助群众解决生产生活中面临的实际问题。因此，基层党组织是党组织与群众联系的桥梁和纽带。在基层社会治理过程中，必须坚持发挥基层党组织桥梁作用，协调好党与人民群众的关系。基层党组织要充分发挥党组织的政治优势，依靠党的领导活动和领导工作，充分发挥社会组织在构建和谐社会中的积极作用，激发基层群众参与社会治理的热情，带领基层政府、社会团体和群众通过协商民主方式有效参与社会治理，夯实党在基层的执政基础。从而，努力形成"党组织领导、政府负责、社会协同、公众参与"的基层社会管理格局，

---

① 蔡文成：《基层党组织与乡村治理现代化：基于乡村振兴战略的分析》，载《理论与改革》2018 年第 3 期。

自觉成为各种社会组织的引导者和协调者。①

基层党组织的引领作用是城乡社会治理的保障。基层党组织在社会治理中的保障作用主要体现在：一是对社会治理格局的保障。社会治理是多元主体共同参与的，但基层党组织是基层社会治理的领导核心，发挥着主导作用，其他社会治理主体都应当在基层党组织的带领下开展治理工作。基层党组织一边联系着国家，一边连接着人民群众，是充分发挥党的战斗力、凝聚力和号召力的最终落脚点，是实现城乡社会治理现代化的主导力量。基层党组织以善治为指导，以法律道德规范为准则，以推动城乡基层社会自治为核心，保障并支持广大基层群众实现自我管理，形成基层社会治理的强大动力。② 二是对社会稳定和社会秩序的保障。基层党组织通过密切联系群众，能够及时了解人民群众的所思所想，反映基层社会的合理诉求，可以通过开展相关活动和协调工作，快速有效化解基层社会存在的矛盾。特别是进入新时代后，我国社会矛盾已经转化成为人民日益增长的美好生活需要和不平衡不充分的发展间的矛盾。针对我国社会主要矛盾，基层党组织应当肩负起引导城乡经济社会发展的重任，在推动经济社会发展的过程中，注重基层社会利益整合与协调，凝聚人心和群众力量。积极以创新、协调、绿色、开放、共享的新发展理念为指导，在基层社会治理中处理好"眼前利益与长远利益、经济利益与社会效益，以及个人与集体利益、资

---

① 中央党校党建部课题组：《不同类型基层党组织发挥作用途径比较研究》，载全国党的建设研究会主编《全国党的建设研究会 2008 年自选课题优秀调研成果选编》，中央文献出版社 2010 年版。

② 蔡文成：《基层党组织与乡村治理现代化：基于乡村振兴战略的分析》，载《理论与改革》2018 年第 3 期。

源开发与环境保护之间的关系,积极探索适合当地的发展模式"。①

基层党组织的引领是利益整合的有效手段。如果只重个人经济利益和短期利益,忽视国家集体利益和长远利益,那么就会为经济社会的长远发展埋下隐患。因此,党组织对组织群体的利益引导尤为重要。具体到基层社会治理过程中,基层社会治理涵盖人民群众的日常生活、经济活动等多个方面,所涉利益主体众多、利益关系复杂且细微,更加需要基层党组织的合理引导。基层党组织要通过自身组织和人员对各种社会利益进行整合,激发有关各方紧密围绕在党组织周围的主动性②。基层党组织只有扮演好社会治理参与者利益的整合者角色,引导各利益主体有序参与社会治理,才能实现基层社会治理的内生性和有效性。

二、社会治理对基层党组织建设的新要求

"明者因时而变,知者随事而制。"随着社会主义市场经济的不断发展,社会矛盾的变化,更多的社会治理难题暴露出来,基层党组织作为城乡社会治理的领导核心,必须因势而变,与时俱进。特别是党的十九大提出"推动社会治理重心向基层下移",城乡基层社会治理逐渐成为现代化治理的重点,而基层党组织引领作用的发挥作为城乡社会治理的基础,显得更为重要。党的十八大提出,"以服务群众、做群众工作为主要任务,加强基层服务型党组织建设"。党的十九大报告进

---

① 宁鑫、傅慧芳:《乡村治理现代化进程中农村基层党组织整体功能建设研究》,载《石家庄铁道大学学报(社会科学版)》2020年第3期。

② 林尚立:《执政的逻辑:政党、国家与社会》,上海辞书出版社2005年版。

一步提出对基层党组织建设的新要求,"要以提升组织力为重点,突出政治功能,把企业、农村、机关、学校、科研院所、街道社区、社会组织等基层党组织建设成为宣传党的主张、贯彻党的决定、领导基层治理、团结动员群众、推动改革发展的坚强战斗堡垒"。因此,明确城乡社会治理对基层党组织的要求,提高基层党组织的治理能力是重中之重。"国家治理能力则是运用国家制度管理社会各方面事务的能力,包括改革发展稳定、内政外交国防、治党治国治军等各个方面。"[①] 基层党组织的治理能力关系到国家治理能力,直接关系到党的领导力、创造力和凝聚力的发挥,对党治国理政具有重要的意义和作用,影响着城乡发展和城乡社会治理的进程和效果。[②]

社会治理要求基层党组织强化领导地位。社会主义市场经济快速发展后,城乡基层社会发生了巨大变化,各种组织机构发挥着越来越重要的作用。自治性组织在基层社会成为越来越成熟的参与力量。广泛的社会力量参与社会治理,使得基层党组织并非唯一的参与主体和参与力量。与此同时,部分基层党组织对于城乡基层社会治理中"党领导一切"的认识不足,对于基层党组织在社会治理中所担任的角色认知不明,以致在新的时代任务下,未能积极有效地发挥基层党组织的引领作用,一定程度上弱化了基层党组织在基层社会治理中的领导地位。因此,城乡社会治理对基层党组织自身领导组织能力提出更高要求。其中,强化领导组织作用要求基层党组织统筹协调各种治理主体、组织参与能力。首先,基层社会治理对基层党组织的统筹协调能

---

① 《习近平谈治国理政》,外文出版社2014年版。
② 蔡文成:《基层党组织与乡村治理现代化:基于乡村振兴战略的分析》,载《理论与改革》2018年第3期。

力提出更高的要求。城乡基层社会治理的逻辑起点在城乡社会,改革开放以来,我国基层社会发生了巨大的变化,基层社会治理所面临的各种挑战和问题都比较复杂,这要求基层党组织增强自身统筹规划能力。① 实际上,无论是基层党组织内部体系落后,抑或是党员干部素质不足都会影响基层党组织规划组织能力。一方面,要求基层党组织注重内部构建的科学性,明确基层党组织内部职责划分,提高社会治理的办事效率,进而提高自身统筹规划能力,有效领导社会治理。另一方面,要求基层党组织增强党员干部党性修养。目前,基层党组织掌握着众多资源,但有的基层党组织却不能将各种力量和资源有效利用起来,其根本原因在于部分基层党组织的组织能力差,自身影响力较弱,限制效能层级的发挥。因此,基层党组织要想适应社会治理的需要,必须就基层社会治理提出的新要求有所回应,进一步增强其统筹组织规划能力。

城乡基层社会治理要求基层党组织提高自身吸纳能力。现代化社会治理要求广大人民群众参与进来,随着人们的主体意识日益增强,参与社会治理的积极性也逐渐增加,基层党组织也应当及时转变治理理念,增强自身吸纳参与能力,引导群众参与社会治理。当前,仍有部分基层党组织在治理理念上停留在"管控型"思维上,没有转变到尊重群众有序参与、有效服务群众的思路上来,以致群众参与社会管理的积极性没有被很好地调动起来。因此,基层党组织应当先行转换治理理念,认识到社会治理必须依靠群众,社会治理的目的是更好地为群众服务。因此,将群众关切置于首位,树立服务群众的观念,为

---

① 荀明俐、赵雪:《新时代基层党建引领社会治理创新》,载《齐齐哈尔大学学报(哲学社会科学版)》2019 年第 7 期。

群众参与社会治理提供便利，成为基层党组织建设的重要内容。此外，基层党组织的吸纳能力提高还要求基层党组织加强对群众的引导。基层群众参与社会治理一方面要求党组织推动群众协商合作，拓宽群众参与社会治理渠道，为基层群众参与社会治理提供有利条件。另一方面，要求基层党组织注重吸收群众参与治理过程的有序性，推进群众参与的规范化和制度化，在实践中不断汲取经验，将有序参与的方式和途径制度化。最后，基层党组织要提高自身统筹协调能力。基层社会治理要求多元主体的参与，社会治理的客体更是具有多样性。现代化社会治理要求包括政府、人民群众在内的社会多元主体共同参与，多元治理主体带来了多样的价值观念和价值追求，必然会产生多元主体的矛盾和冲突，基层党组织必须肩负起解决矛盾、化解冲突的任务，实现多元主体的有序有效参与。基层党组织在充分尊重多元主体权益的基础上，通过协商对话等方式来促进各主体合作共赢、相互合作，从而化解社会矛盾、减少社会冲突，积极将各种社会力量凝聚在党组织周围，促进多元主体的不同力量的融合，共同推动社会治理水平的提高，不断夯实党组织的执政能力。

实现城乡基层社会治理要求基层党组织转变治理思路，创新治理理念。基层社会治理过程中往往会出现各种新情况和新问题，基层党组织面临着前所未有的挑战，这要求党组织提高应对新问题的能力，创新治理能力，否则其功能将逐渐被边缘化，难以发挥领导基层社会治理以及战斗堡垒作用。一方面，基层社会治理要求基层党组织创新治理思路。社会管理思路创新的出发点和落脚点是以人为本，基层党组织必须树立治理就是服务、在治理中体现服务、在服务中实现社会治理的现代治理的理念，将服务群众作为自身的重要职责。这需要基层党组织准确把握社会发展中出现的民生焦点问题，转变工作思路。① 同时，保持基层党组织引领社会发展的战略思维，着力保护和扩展社会群众和各类主体性组织间的公正和信任，善于从地区传统习惯、心理和行为等社会文化资源中寻求价值支持，增强自身在思想上的感召力。另一方面，要求党组织深入开展城乡社区关系和服务体制改革创新。充分发挥多元主体共同参与社会治理，协调统筹人口、就业、民政、卫生、文化等社会治理职能和服务资源，提高服务的供给效率和综合效益，推动社会保障、医疗卫生、信息服务等基本公共服务多样化，将各项服务管理措施落实到城乡社区、基层组织，强化直接公共服务体系建设。②

城乡基层社会治理要求基层党组织充分发挥利益整合功能，也对基层党组织的社会整合能力提出更高要求。近些年城乡社会发展中逐渐涌现出居民自治组织或村民自治组织、村民或居民等多元治理主体，基层社会治理不再只有基层党组织这一"一元"主体，转而呈现出多元化发展趋势。基层党组织面临多样化的社会，社会阶层多元、社会群体多元，社会中可供党组织依靠的力量也是多元的。然而，多元治理主体具有不完全一致的价值取向和治理思维，致使多元主体未能得到有效整合，难以形成自治合力、有效发挥自治功能。在这样的社会背景下，基层党组织需要更加注重对社会多元力量和资源的整合，合理分配各种社会资源，充分发挥各种力量的主动性和积极性。除了树立社会整合的意识以外，还要求基层党组织积极探索社会资源整合的有效方式。不同价值取向的冲突、多元主体利益的博弈要求基层党组

---

① 陈文新：《基层党组织：社会管理创新的政治资源》，载《理论与改革》2012年第4期。
② 陈荣、卓唐鸣：《农村基层治理能力与农村民主管理》，载《华中师范大学学报（人文社会科学版）》2014年第2期。

织必须拥有利益整合功能，基层党组织要在准确把握各类社会资源和力量特点的基础上，探索将不同特性的资源和力量整合的方式，注重社会资源整合的有效性。这要求基层党组织在利益整合的过程中，畅通多元治理主体利益诉求表达渠道、倾听弱势群体的利益需求、制定公平的利益分配制度。一旦各个治理主体产生较大分歧，基层党组织需要进行协商，寻求各利益主体间的共同利益，实现最大限度的求同存异。此外，实现多主体资源整合和力量积累要求基层党组织加强有效引导。

三、基层党组织在社会治理中引领作用的发挥

基层党组织是党开展社会治理工作的基础，更是执政的根基和社会治理成效的保障。如前文所述，党的十九大提出了基层党组织社会治理中的新定位和新要求，强调了提高基层党组织要提高自身领导力、组织力、凝聚力和号召力，其中以基层党组织组织力的提升为重点[①]，以发挥基层组织的功能、完成基层社会治理现代化的任务。当前，我国基层治理体系和治理能力总体而言是好的，但在一些方面仍然存在一些亟待改进的问题。诸如基层党组织领导核心地位不突出、组织协调能力不强、创新能力不足、利益整合能力不够等现实问题存在，亟须基层党组织加强自身建设，以有效发挥在基层社会中的引领作用。

提高基层党组织的政治领导能力。政治功能是政党的首要属性，政治建设是党的根本性建设。基层党组织是党在基层的战斗堡垒，具

---

① 王华：《从六个方面提升基层党组织组织力》，载《中国党政干部论坛》2018年第3期。

有鲜明的政治属性,必须提升基层党组织的政治领导能力。

首先,基层党组织要坚决服从党中央的集中统一领导,在政治立场、政治原则、政治道路、政治方向上始终和党中央保持高度一致,坚定执行党的政治路线,① 严格遵守法律和党内法规。不断提高基层党组织对基层社会治理体系的引领作用,切实提高基层组织党员质量。着重从基层社会中发展党员,推广"公示制"等做法,确保基层党员发展质量。对基层党员干部开展具有针对性、实用性的培训教育,增强党员干部的党性和素质,并通过"派、调、引、选、培等方法,多层面、多渠道地拓宽基层党组织选人用人的视野"②。第一,严格按照党员干部标准选拔党组织领导成员。严格遵照习近平总书记提出的"信念坚定、为民服务、勤政务实、敢于担当、清正廉洁"的党员干部标准,从而选拔出综合素质高、群众基础好、工作作风踏实的党员干部作为党组织的领导力量。第二,定期开展党内领导班子的思想政治教育。根据基层党组织的工作实际,定期开展政治教育,提高其政治思想觉悟。第三,加强对领导干部的检查、监督工作。上级党组织要定期对基层党组织领导人员开展工作指导,定期检查领导干部的工作情况,予以监督,并将基层党组织的工作情况作为考核的重要内容,从而激励基层党组织党员干部增强自身政治能力。③

其次,基层党组织要充分发挥自身政治优势,将党的政策落实到基层社会,更好地引导、组织群众。尤其是在基层社会治理主体呈多元化发展趋势下,包括行政机关、经济组织、社会团体以及人民群众

---

① 马建新:《以基层党建引领社会治理创新》,载《河南日报》2019 年 11 月 27 日。
② 马建新:《以基层党建引领社会治理创新》,载《河南日报》2019 年 11 月 27 日。
③ 徐丙祥:《新时代提升基层党组织组织力的思考》,载《中共福建省委党校学报》2018 年第 4 期。

等众多社会治理参与者均需要在基层党组织的领导下开展工作，基层党组织要真正肩负起引导群众、教育群众、组织群众、动员群众的重要责任，力求在改善群众生活、维护群众利益等方面发挥凝聚群众的主心骨作用。[①]具体而言，基层党组织要注重思想政治引导工作，发挥先锋模范作用。积极带头宣传和执行党的路线、方针、政策，带头学法、尊法、守法、用法，带头践行社会主义核心价值观，做好思想上的引领工作。

提高基层党组织的组织覆盖能力。党政军民学、东西南北中，党是领导一切的。党实现社会治理的现代化就要提高自身组织覆盖力。

首先，提升基层党组织的覆盖面。基层党组织要适应基层社会的变化，进一步扩大城乡基层党组织的覆盖面，构建覆盖严密、左右联通的组织体系。对于具备党组织成立条件的要及时成立党组织，做到"哪里有党员，哪里就有党的组织和有效的管理"，确保每一名党员都被纳入党组织的管理之中。如早期深圳市罗湖区存在社区类型复杂、管理难度大的问题，生产、治安、消防等多方面问题频发。2012年10月，桂园街道松园社区鸿翔花园小区党支部正式成立。小区党支部成立后，解决了社区存在的不少难题，引起了罗湖区委、区政府的重视。2013年，罗湖区委、区政府在鸿翔花园小区召开会议，以此为成功案例推广小区党建引领社区治理经验，并同时选取小区作为试点。在2018年年底，罗湖区委出台了《党建引领构建居民小区共建共治共享工作体系三年行动计划（2019—2021）》，制定了"居民小组、业委会、物业服务企业"三个领域的党建制度体系，并依照"基本组织、基本队伍、基本制度、基本活动和基本保障"的工作布局，以社区党建引领社区治理，形成

---

① 马建新：《以基层党建引领社会治理创新》，载《河南日报》2019年11月27日。

社区共建共治共享的治理体系和制度体系，显著提升了社区的治理能力和治理效果。① 确保基层党员干部严格按照规定要求，定时开展"三会一课"，保证参与人数，特别是要求党员干部依照"双重组织生活"的规定参加组织生活。定期开展民主评议，检查和评价党员在贯彻党的路线、方针、政策中发挥先锋模范作用的情况。

其次，严格执行组织的相关制度，上下级党组织协调一致，充分发挥组织体系的合力。其次，拓宽基层党组织对基层社会各项工作的领导，激发党组织活力。把思想政治工作、群众工作落到支部，使支部成为教育党员的学校、团结群众的核心。基层党组织要善于利用技术媒体拓宽党对基层社会各项工作的领导，扩大基层党组织的服务范围。同时，及时吸纳优秀后备人才。不只是要提高已有党员干部的综合素质，更重要的是培养更多后备人才，将其培养成城乡基层社会所需的领导人才。②

最后，基层党组织要通过服务工作提高组织覆盖力。基层党组织除通过发展党员或促进党员进入民间组织等方式实现党员的榜样示范作用，要树立"领导就是服务"的理念，以党员为触角感知城乡自治组织的真正需求，以精准服务供给和服务方式的灵活多样化不断强化服务工作，以服务凝聚人心，推进基层党组织由"有形覆盖"向"有效覆盖"转变，真正提高基层党组织的组织覆盖力。③

---

① 祝灵君：《党领导基层社会治理的基本逻辑研究》，载《中共中央党校（国家行政学院）学报》2020年第4期。

② 宁鑫、傅慧芳：《乡村治理现代化进程中农村基层党组织整体功能建设研究》，载《石家庄铁道大学学报（社会科学版）》2020年第3期。

③ 谌玉洁：《嵌入性视角下农村基层党组织提升治理能力的困境及应对策略》，载《中共福建省委党校学报》2019年第4期。

提高基层党组织的服务能力。党的十八大提出："围绕保持党的先进性和纯洁性,在全党深入开展以为民务实清廉为主要内容的党的群众路线教育实践活动,着力解决人民群众反映强烈的突出问题,提高做好新形势下群众工作的能力。"坚持党的群众路线实质目标就是提升服务群众的水平,这与推进基层服务型党组织建设的根本目标具有一致性[1]。因此,基层党组织要坚持群众路线,密切与群众的联系,进一步完善基层社会服务流程,提升服务群众的能力。

一方面,要进一步强化基层党组织服务人民的理念和意识。基层党组织身处党群关系的第一线,在密切联系群众、服务群众过程中处于基础性地位。为此,基层党组织要正确认识党的执政理念是以人为本、执政为民,服务群众是基层党组织的根本任务。在以人民为中心思想指导下,坚持全心全意为人民服务的宗旨,坚定走群众发展路线,认识到党的最大政治优势是善于联系群众,认识到党要想做到密切联系群众,就要服务好群众[2]。

另一方面,利用互联网、社交媒体等新的媒介建立党群交流平台,便利群众向党组织表达合理意愿和诉求,利于党组织及时了解群众的所思所想,从基层人民群众的实际利益出发开展工作。同时,通过更加接地气、贴近民心的工作方式为人民提供更具有针对性且有效的服务,进而激发人民群众参与社会治理的主动性,实现党引领下的共建、共治、共享的社会治理格局。此外,还要创新党员干部的服务方式,定期对党员干部进行系统培训,在提升其政治素质的同时,使党员干部熟练掌握为人民群众服务的方式,提高党组织为人民服务的本领,适

---

[1] 孙黎海:《基层服务型党组织建设的理论架构》,载《理论学刊》2013 年第 8 期。
[2] 孙黎海:《基层服务型党组织建设的理论架构》,载《理论学刊》2013 年第 8 期。

应城乡基层现代化社会治理要求。[①]

提高基层党组织利益整合能力。党的十八届三中全会指出,改进社会治理方式,必须把"调节利益关系"作为综合治理的重要一环。之所以如此,是因为"人们所奋斗的一切都同他们的利益有关"[②]。在基层社会治理中,基层党组织要充分利用自身政治优势,增强自身对新生社会需求的反应灵敏程度,及时介入并有效引导基层社会各治理主体协商解决问题,协调各方利益,寻求各方利益最大化。基层社会利益整合包含多个环节,利益引导和利益整合的重点在于各治理主体利益表达和利益协调机制。基层社会治理主体利益整合机制主要从两个方面出发。

一方面,完善基层社会利益表达机制,构建符合不同主体表达能力的表达渠道。利益表达是利益整合的前提。任何群体和个人的生存发展都必须以一定利益为基础,都会有相应的利益表达。[③]基层党组织要通过立法、政策等改变地方政府在社会管理中信息封闭、获取信息困难等问题,切实完善政策措施公开制度,为普通群众搭建更多利益表达平台,畅通利益表达渠道。同时,加强对各个基层社会治理参与者利益表达的引导,尤其是针对弱势群体,更应当引导、鼓励其通过合法途径表达自身利益诉求。此外,还要加强对具有较强话语权的利益主体的监督,防止其通过优势地位压制弱势治理主体的利益表达。

另一方面,完善治理主体利益整合机制。基层党组织面对社会治理主体利益不一致,无法实现利益整合时,应当发挥自身利益协调整

---

① 宁鑫、傅慧芳:《乡村治理现代化进程中农村基层党组织整体功能建设研究》,载《石家庄铁道大学学报(社会科学版)》2020年第3期。
② 《马克思恩格斯全集(第1卷·上)》,人民出版社2002年版。
③ 孙立平:《和谐社会:用制度规范利益表达》,载《理论参考》2006年第2期。

合作用，如广泛开展集体主体、社会主体教育，宣传并大力践行社会主义核心价值观和社会主义荣辱观，以正确的价值观引导人们合法追求个人利益。[①]基层社会治理过程中，具有不同身份属性、不同利益目标的治理主体完全依靠相互协商来实现利益最大化，这显然是不可能实现的。这便要求基层党组织从中协调，主动"问政于民、问计于民"，在充分听取并尊重各方治理主体诉求和合理要求的基础上，积极争取各方治理主体利益的有效整合。

创新社会治理方式，增强社会治理活力。基层党组织要善于运用互联网和平台机制领导社会治理。随着以"互联网+"、大数据为代表的科学技术的快速发展，以互联网为依托的新媒体平台不断涌现，为基层社会治理创新提供了技术支持。基层党组织应当因势利导，积极探索运用互联网思维和信息平台提升基层党建信息化、精准化水平，运用大数据技术整合基层社会信息资源，提高基层党组织信息系统操作能力。同时，转变社会治理思维，建立智能化治理体系。伴随互联网和大数据等新兴技术的兴起，社会治理思维和治理体系也应发生转变，基层党组织应当主动搭建各种社会组织平台，建立网格化智能治理体系。在基层社会治理中，综合运用大数据、物联网、云计算、人工智能等新一代信息技术，全面汇集、整合基层社会治理领域的相关数据信息，并综合进行运算处理、分析研判，依托智慧城市、智慧乡村建设，逐渐形成"线上监测、线下监管，线上集中、线下分散，互联网+监测、监管+执法，纵向联网、横向协同"的智能化社会管理监测系统[②]，从

---

① 郭建、孙惠莲：《基层党组织在社会治理中领导核心作用发挥途径研究》，载《河北经贸大学学报（综合版）》2020年第1期。

② 黄新根：《党建引领基层治理创新研究》，载《大连干部学刊》2020年第9期。

而实现对社会治理方方面面的精准化管理、智能化管理。基层党组织要运用各种互联网平台机制处理好群众问题、做好群众工作,将人民群众和社会组织有效地组织起来,提高社会主体参与社会治理的积极性。

第五章
现代化城市治理必须坚持法治理念

全面依法治国作为我国治国理政的基本方略,是推进国家治理体系和治理能力现代化的有力保障。现代化城市治理必须坚持法治理念。

第一节　全面依法治国是治国理政的基本方略

坚持全面依法治国是我国国家治理体系和治理能力现代化的一项基本方略。随着经济的不断发展,上层建筑要适应变化了的经济基础。党的十九大报告指出,"全面依法治国是中国特色社会主义的本质要求和重要保障","是国家治理的一场深刻革命"。全面依法治国作为党领导人民治国理政的基本方略,不但体现了党对法治体系建设的高度重视,而且彰显了我国推进国家治理体系和治理能力现代化的决心。将全面依法治国作为治国的方略,是我国法治道路建设的经验总结,是治国理政的客观需要。把握好全面依法治国在我国治国理政方略中的地位,有助于我国国家治理体系的科学化和规范化。

一、全面依法治国是治国理政的客观需要

治国安邦，经世济民。治国方略是执政党治理国家的原则、方针和策略，具有战略性、指导性及整体性的特征。治国理政，最重要的是选择治国方略，因其往往决定着执政党和整个国家的命运。今天，我们选择法律作为治理国家之重器，选择法治作为国家治理体系和治理能力现代化的重要依托，毫无疑问是治国理政经验的总结，更是由一定的现实客观基础决定的。习近平总书记强调，一个国家选择什么样的治理体系，是由这个国家的历史传承、文化传统、经济社会发展水平决定的，是由这个国家的人民决定的。我国今天的国家治理体系，是在我国历史传承、文化传统、经济社会发展的基础上长期发展、渐进改进、内生性演化的结果。

从法治与人治的角度来看，治国理政首先要解决的问题是法治还是人治。习近平总书记指出，法治和人治问题是人类政治文明史上的一个基本问题，也是各国在实现现代化过程中必须面对和解决的一个重大问题。综观世界近现代史，凡是顺利实现现代化的国家，没有一个不是较好解决了法治和人治问题的。相反，一些国家虽然也一度实现快速发展，但并没有顺利迈进现代化的门槛，而是陷入这样或那样的"陷阱"，出现经济社会发展停滞甚至倒退的局面。后一种情况很大程度上与法治不彰有关。①

显然，成为现代化国家的标志之一就是实行法治。法治不彰，就会阻碍经济的发展，进而导致社会发展停滞甚至倒退。习近平总书记

---

① 《习近平关于全面依法治国论述摘编》，中央文献出版社2015年版。

指出，人类社会发展的事实证明，依法治理是最可靠、最稳定的治理。①法治与人治相比，具有其特有的优越性。法治产生的基础是民主，而人治产生的基础是个人独断；法治具有稳定性、统一性，人治往往具有任意性、随意性，不利于社会的长期发展，使人们无法预测行为的"度"，一切处于不确定之中。因此，法治才是国家迈入治理体系和治理能力现代化的必由之路。

从历史发展的角度来看，在新中国成立前夕，中国共产党就带领中国人民确定了以具有临时宪法作用的《中国人民政治协商会议共同纲领》为治国理政的重要手段。随后，1954年制定了第一部宪法，为国家治理体系的建构发挥了重要的制度保障作用。"文化大革命"期间，由于未能正确认识和把握客观规律的发展，法治遭到重创，经济发展一度停滞不前，甚至出现倒退。

改革开放是决定当代中国命运的关键一招。党的十一届三中全会提出了"发展社会主义民主、健全社会主义法制"的纲领和"有法可依、有法必依、执法必严、违法必究"的法制工作基本方针。进入20世纪90年代以后，我国法治建设有了突破性、飞跃性的发展。党的十五大正式提出了要依法治国、建设社会主义法治国家，并指出到2010年形成中国特色社会主义法律体系。党的十六大提出要实现坚持党的领导、人民当家作主和依法治国三者有机统一。党的十七大强调要全面贯彻落实依法治国基本方略，加快建设社会主义法治国家。党的十八大明确指出法治是治国理政的基本方式，强调了法治在国家治理中的重要地位，作出了全面依法治国的战略部署，指出要坚持科学立法、严格执法、公正司法、全民守法。党的十八届三中全会通过的《中共中央

---

① 《习近平关于全面依法治国论述摘编》，中央文献出版社2015年版。

关于全面深化改革若干重大问题的决定》提出了推进法治中国建设的明确目标。

值得注意的是，随着依法治国的不断深化，法治作为治国理政的保障地位越来越凸显出来。党的十八届四中全会专门对全面推进依法治国问题进行了研究分析，通过了《中共中央关于全面推进依法治国若干重大问题的决定》，其中提出了关于全面推进依法治国的七项建设，丰富了我国法治建设的理论内涵，是我国法治建设过程中的重要里程碑。它提出了全面推进依法治国的指导思想、基本原则、总目标、总抓手和基本任务、法治工作的基本格局，阐释了中国特色社会主义法治道路的核心要义，回答了党的领导与依法治国的关系等重大问题，制定了全面推进依法治国的总蓝图、路线图、施工图。可以看出，这次会议的决定将法治视为治国理政的重要保障，具有举足轻重的地位。这既是基于对以往经验和教训的深刻认识而作出的抉择，也是对现实世界发展规律的正确认识而作出的判断。"历史是最好的老师。经验和教训使我们党深刻认识到，法治是治国理政不可或缺的重要手段。法治兴则国家兴，法治衰则国家乱。什么时候重视法治、法治昌明，什么时候就国泰民安；什么时候忽视法治、法治松弛，什么时候就国乱民怨。"[1]可以说，十八届四中全会使我国的法治建设站在了历史新的起点上。同时，在党的十九大上，历史性地对我国发展阶段作出了新的判断，即中国特色社会主义进入新时代，表明我国法治建设迈入了新的征程，这是时代的伟大抉择。

2020年11月16日至17日，中央全面依法治国工作会议召开。这次会议最重大的成果在于确立了习近平法治思想，并将其明确为全面

---

[1] 《习近平关于全面依法治国论述摘编》，中央文献出版社2015年版。

依法治国的指导思想。可以看出，这必将在我国社会主义法治建设的征程中留下浓墨重彩的一笔。习近平法治思想凝聚着我们党全面依法治国的最新理论成果和实践经验，是法治中国建设最核心最根本最重要的思想保障，是实现全面依法治国的系统性、规范性、协调性和稳定性的思想理论支撑，是新时代中国法治战略的总指引。[①] 习近平法治思想以"十一个坚持"全面系统地阐述了新时代推进全面依法治国的重大思想和战略部署，为今后推进全面依法治国工作在治国理政中的实施开展提供了行动指南。它从历史和现实相贯通、国际和国内相关联、理论和实际相结合上深刻回答了新时代为什么实行全面依法治国、怎样实行全面依法治国等一系列重大问题，是顺应实现中华民族伟大复兴时代要求应运而生的重大理论创新成果，是马克思主义法治理论中国化最新成果，是习近平新时代中国特色社会主义思想的重要组成部分，是全面依法治国的根本遵循和行动指南。

从中华人民共和国成立以来我国治国理政的发展脉络看，坚持法治的治理方式是治国理政的主旋律。改革开放以来，从健全社会主义法制到依法治国再到全面依法治国这些重要的战略抉择，都是从我国实际国情出发，也是治国理政体系和治理能力现代化的需要。小智治事，中智治人，大智立法。治理一个国家、一个社会，关键是要立规矩、讲规矩、守规矩。法律是治国理政最大最重要的规矩。推进国家治理体系和治理能力现代化，必须坚持依法治国，为党和国家事业发展提供根本性、全局性、长期性的制度保障。我们提出全面推进依法治国，坚定不移厉行法治，一个重要意图就是为子孙万代计、为长远发展谋。

---

① 胡明：《习近平法治思想：新时代中国法治战略的总指引》，载《政法论坛》2020年第6期。

二、全面依法治国是治国理政的重中之重

"没有全面依法治国,我们就治不好国、理不好政,我们的战略布局就会落空。"这句话充分显示了全面依法治国在治国理政中的重要意义。全面依法治国作为一项基本方略,最终是要为治好国、理好政来服务的,它是我们的制度保障。认识到全面依法治国是治国理政的重中之重,表明法治是现代化国家的必然选择,是提升治理水平的关键。因此,要实现中华民族伟大复兴的中国梦,就需要脚踏实地地走好每一步。每一步都需要精心设计,作出战略布局,其中必不可少的就是以全面依法治国为依托,使法治成为国家治理的根本方式,使法治成为我们实现中国梦的有力工具。

从内部要素来看,认识全面依法治国,首先就要从其所属的"四个全面"战略布局中分析理解。把握好了全面依法治国与"四个全面"中其他几个方面的关系,就能把握全面依法治国在治国理政中的地位。全面建设社会主义现代化国家、全面深化改革和全面从严治党的开展都离不开全面依法治国这一基本方略。

从外部环境来看,全面依法治国是新时代的要求,决定了它是治国理政的重中之重。党的十九大的召开作出了一项重大的政治判断:中国特色社会主义进入新时代。进入新时代,表明我们国家迈入了新的阶段,有了新的时代背景,就需要我们把握全局,树立更加科学有效的治国理政方针政策。其中,全面推进依法治国就是关键。

社会主要矛盾的转变要求全面推进依法治国。进入新时代,我国社会主要矛盾已经发生变化,已经转变为人民日益增长的美好生活需要和不平衡不充分的发展之间的矛盾。美好生活需要不仅仅体现在

物质生活水平的提高,还对法治有了更高的要求。因而必须全面推进依法治国,为我们的美好生活提供一个良好的法治环境,使公民的权利得到更加完善的保障,当权利受到侵害时也能及时获得救济,确保司法公正。发展不平衡不充分同样需要利用法治的手段来统筹发展。要深入认识并解决好社会主要矛盾,必须坚持全面依法治国,依靠法治平衡各种利益,彰显公平正义,满足人民日益增长的美好生活需要。

时代背景内涵的多样化要求全面推进依法治国。当今世界的发展日新月异,面对纷繁复杂的时局状况,走法治的道路无疑是一个正确的选择。随着科学技术的发展,人工智能、大数据等成为社会讨论的热门话题。在感叹科学技术飞速发展造福人类之时,其中也必然存在一些隐患亟须解决。这些前沿问题在以前的时代未曾出现,这就更需要我们利用法治的工具将其规范化、体系化及科学化。面对国际关系的日益复杂化,无论是政治、经济还是文化的冲突,中国必须坚持依法治国,建设法治强国才能在国际局势中保持国家安定、社会稳定。全面推进依法治国,使得国家在应对繁杂的问题时冷静客观,积极应对国内外的挑战,这种应对是规范化、有序化的。因此,无论是从内部要素来说,还是从外部环境来看,全面依法治国都是治国理政的重中之重。

三、全面依法治国在治国理政方略中的体现

习近平总书记指出,全面依法治国是坚持和发展中国特色社会主义的本质要求和重要保障,事关我们党执政兴国,事关人民幸福安康,事关党和国家事业发展。随着中国特色社会主义事业不断发展,法治建设将承载更多使命、发挥更为重要的作用。全面依法治国作为治国

理政的重要保障，主要体现在以下几个方面。

第一，确立全面依法治国的总目标。党的十八届四中全会通过的《中共中央关于全面推进依法治国若干重大问题的决定》明确指出："全面推进依法治国，总目标是建设中国特色社会主义法治体系，建设社会主义法治国家。"这就为在依法治国进程中的各项活动指明了方向，发挥统领性的作用。要牢牢把握这个总目标的抓手，包括五个体系的建设与完善，形成完备的法律规范体系、高效的法治实施体系、严密的法治监督体系、有力的法治保障体系、完善的党内法规体系。

第二，把握全面推进依法治国的工作布局。要准确把握全面推进依法治国工作布局，坚持依法治国、依法执政、依法行政共同推进，坚持法治国家、法治政府、法治社会一体建设。全面依法治国需要树立整体观，将依法治国、依法执政、依法行政三者统筹兼顾。全面推进依法治国不仅仅表现在要依法治国，还要求执政党依法执政，行政主体依法行政。这三者是分层次的建构，体现了全面依法治国的全局性，由上到下，共同推进。而法治国家、法治政府、法治社会三位一体的建设，就对法治提出了更高的要求，构建"国家—政府—社会"的法治模式，使它们之间相辅相成，彰显治理体系和治理能力的现代化水平。在具体贯彻落实方面，如中共中央印发的《法治社会建设实施纲要（2020—2025年）》就为坚持法治社会建设指明了具体方向和提供了操作指南。

第三，突出全面推进依法治国的重点任务。要从现有法治工作基本格局出发，准确把握全面推进依法治国重点任务，着力推进科学立法、严格执法、公正司法、全民守法。没有立法，全面推进依法治国的各项工作就无法开展。立法还要求做到科学化，才能提高立法质量，有良法可依。法律被制定出来就需要实施，实施的过程是法律的生命所在。执法、司法及守法每一个环节都需要重视起来，因为有一个环节出现了不当或者没有落实，就有可能阻碍全面推进依法治国的总体进程。只有形成执法要严、司法要正和公民要守的有序局面，才能将法律落到实处，使法律的生命更具活力。

除此之外，在治国理政方略中，全面推进依法治国还体现在坚持党的领导、依法治国、人民当家作主的有机统一，也表现在要坚持依法治国与以德治国的结合上。

第二节　全面依法治市是现代化城市治理中全周期管理的法律保障

习近平总书记在武汉考察时，就指出"要着力完善城市治理体系和城乡基层治理体系，树立'全周期管理'意识，努力探索超大城市现代化治理新路子"。这就表明，现代化城市治理在新时代的背景之下，已经变得越来越重要。而运用全周期的管理意识来治理城市，则是探索中国特色现代化城市治理的路径选择。毫无疑问，这条新路径必须有坚实的法律保障，才能走得更长远。伴随着全面推进依法治国理政方略的深入开展与实践，全面依法治市作为全面依法治国的内容之一，成为现代化城市治理中全周期管理的有力保障。

一、全面依法治市与全面依法治国

在全面依法治国战略的推进之下，全面依法治市的理念应运而生。治国理政的思想不但要治好国家，而且涵盖了要治理好城市的理念，因为城市是社会各个"细胞"发展的重要依托及缩影。由于我国城镇化、城市现代化的快速发展，重视依法治市在现代化城市治理中的地位也日益明显。早在 1986 年就进行依法治市工作的城市——辽宁本溪市，便由辽宁本溪市人大常委会通过了《关于依法治市的决议》。自此，依法治市在各地市纷纷开展，促进了城市治理方式的法治化。

（一）全面依法治市

全面依法治市是指在全面依法治国的治国理政基本方略引领下，以城市为主要实施载体，将涉及城市管理中的有关政治、经济、文化及其他事务全面统一地纳入法治轨道，并在遵循宪法和相关法律法规的前提之下，结合市域特点，制定符合城市实际发展的地方性法规规章，确保城市的广大人民群众参与管理，使城市治理向法治化发展的一种手段。

在《法治社会建设实施纲要（2020—2025 年）》明确提出了开展市域社会治理现代化试点，使法治成为市域经济社会发展的核心竞争力，这就意味着必须坚持依法治市。树立全周期管理在城市及超大城市治理的全方位意识，就需要制度层面的保障，就要在全面依法治国战略方针的指导下进一步实施全面依法治市的方针政策。如同全面推进依法治国是现代化国家的重要标志，全面依法治市也是现代化城市文明的标志。要进一步了解全面依法治市，可以从以下几个方面理解与把握。

首先，坚持全面依法治市与党的领导、人民当家作主的统一。要全面贯彻与落实依法治市，就应认识到全面依法治市的主体是人民，这和全面依法治国的主体在本质上是一致的。我国的根本法《宪法》在第 2 条就规定了"一切权力属于人民"，确立了人民当家作主的制度。人民享有管理国家事务的最高权,因而依法治市的主体必须是人民,具体来说就是城市的广大人民群众。只有让广大人民群众参与了城市的依法治理,最广泛地动员人民群众参与依法治理,才能保障其具体的权益,体现人民当家作主的地位。与此同时,要全面贯彻与落实依法治市,还应坚持党的领导。中国共产党的领导是中国历史和中国人民的选择。实践也证明,党是领导一切的,如果没有党的领导,全面依法治市工作的开展就如同一盘散沙。党的领导是全面依法治市的根本保证,由党带领人民群众实现依法治市,民主才能得到有效保障。

其次,坚持全面依法治市的法制统一性与地方创造性的统一。全面依法治市的理念是基于全面依法治国的思想产生的,因此,它必须在全面依法治国方略的引领下展开活动。这就体现了全面依法治市的法制统一性,即任何治理城市的法规规章和政策都必须建立在不违背宪法和其他法律的基础之上。保持与整个法律制度体系的统一性和协同性,才能树立法律的权威性、维护法律的稳定性。此外,全面依法治市还应当注重发挥市域特色,结合本城市的地方特点创造性地制定一系列地方性法规规章和政策。这种地方创造性能更加有效地激发城市的活力,促进当地整体经济的积极健康发展。如广州市出台了《以法治为引领助力广州实现老城市新活力"四个出新出彩"的实施意见》,结合当地的老城状况,以法治的形式激发老城新的活力。

最后,坚持全面依法治市的全面性和综合性的统一。从依法治国到全面依法治国,从依法治市到全面依法治市,其中不单单是字面上加了"全面"二字,更体现了我们治理国家、治理城市的决心,更表明了我们对治理体系全面化的深入理解。事实上,全面依法治市的"内容涉及整个城市的政治、经济、文化和社会事业,以及每个公民的切身利益"①。这就表明了依法治市的治理领域包含多元性和复杂性，需要对其进行综合治理。城镇化的进程本身就具有复杂性，城市在发展的过程中，也必然存在这样或者那样的问题。正像面对突如其来的疫情，这个问题对于每一个现代城市来说无疑是一场巨大的考验。而在疫情之下，所暴露的现有城市治理的弊端与不足，正是由于没有树立全周期管理意识和综合治理的理念。因此，我们在全面依法治市的过程中要认识到治理对象的复杂化，用全面的眼光看待和处理问题。

（二）全面依法治市与全面依法治国的关系

《韩非子》有言：国无常强，无常弱。奉法者强则国强，奉法者弱则国弱。现代化城市治理是治国理政体系内的重要组成部分，而全面依法治市是全面依法治国的坚实基础。

第一，全面依法治市是全面依法治国战略的一脉相承。自党的十八大明确提出了全面依法治国的战略部署以来，全面推进依法治国的治国理政思想就在不断深入实践。全面依法治市的理念正是基于该战略的实施一脉相承下来的。具体而言，全面依法治市在主体、基本方式及整体目标上均与全面依法治国具有一致性。依法治市的价值取向和依法治国、依法治省的内在精神是一致的，其共同的价值追求目标是法治的实现。②因此，从总体上来看，全面依法治市是在承继全面依法治国精神下的市域层面的法治实践，是全面依法治国在城市的深化。

第二，全面依法治市是全面依法治国战略的具体实践。全面依法治国，作为一项基本方略，是从国家宏观治理的角度而言的。这是国

---

① 白玉博：《试论依法治市的概念》，载《中国司法》2004 年第 6 期。
② 陆印、周直主编：《依法治市的理论与实践》，南京出版社 2001 年版。

家治理的顶层设计，而要把它具体落实，就需要从中观、微观的角度推进。城市作为推进全面依法治国进程中重要的一环，起到了承上启下的作用。全面依法治市不但是落实全面依法治国的深入实践，也加快了全面依法治省的法治化进程，同时为依法治乡、依法治镇提供了宝贵的实践经验。全面依法治国是一项长期的、宏伟的战略，全国各地开展全面依法治市是对全面依法治国的具体落实，是从整体到局部、从上到下、从面到点的具体实践。

第三，全面依法治市是全面依法治国方略的重要方面。全面依法治市作为依法治国方略的重要组成部分，在贯彻与落实全面依法治国方略上具有举足轻重的作用。这主要体现在：首先，城市作为国家治理体系中的重要支撑依托，是关键的中枢枢纽。因此，推进全面依法治国方略就要依靠城市这个重要的依托，只有治理好了城市，才能治理好国家。无数个城市治理的中枢枢纽联结起来便使国家治理体系更具完整性，把握住了城市的依法治理，就能更进一步推动国家治理的体系和能力的现代化进程。其次，依法治市是现代市场经济发展的必然选择。当前社会的经济发展越来越重视以城市为单位的竞争，在深化改革、扩大开放的经济大背景下，也出现了相关问题亟须法律法规的规制。此外，有学者还指出依法治市在依法治国方略体系中日益显现出举足轻重的地位，它必将对规范市政行为、提高市政效能、维持城市社会有机地和谐生存与良性发展，从而推动城市社会乃至整个国家文明建设具有重大意义[①]，这也从另一方面表明全面依法治市在全面依法治国方略中的重要地位。

---

① 汪习根：《论依法治市的模式》，载《政治与法律》1998年第3期。

二、全面依法治市的关键

全面依法治市是全面依法治国的具体化和地方化，要牢牢把握住全面依法治市的关键，抓住这些关键才能更好地满足人民的美好生活需要，才能有效提升城市的软实力，才能为全面依法治国提供宝贵的实践经验。

第一，要坚持宪法的正确实施。宪法是我国的根本大法，依法治国的首要前提是依宪治国，同样地，坚持全面依法治市也要坚持宪法的正确实施。宪法规定了公民的基本权利与义务，其所蕴含的基本原则和精神始终是全面依法治市方针政策应当秉持的。要树立和维护宪法权威、宪法尊严，就应当在推进全面依法治国方略的每一步中确保宪法的正确实施。全面依法治市作为全面依法治国的重要一环，也应自觉维护宪法的权威，在结合市域特点制定相关地方法规规章之时，不作出违背宪法的有关规定，自觉遵循宪法的根本指引。

第二，要建构良法善治的局面。法治的发展最终寻求的是促进形成一个良法善治的健康有序局面。全面依法治市就是要以法治作为治理城市的重要工具，因而建构市域的良法善治局面利于进一步推进全面依法治国方略。完善市人大代表的机制和地方立法机制，是保障依法治市的科学民主立法的重要条件。实践中，存在一些地方由于经济不发达、体制不健全等原因出现了制定的地方法规规章与当地发展不相适应的问题，应鼓励完善立法评估制度、专家咨询制度等，确保制定出"良法"。

第三，要深入推进依法行政。全面依法治市需要行政主体的执行贯彻，但执行的过程究竟如何，是否达到制定法律时的预期成效，这些都需要深入依法行政来具体回答。要将依法行政的理念落到实处，应当健全城市行政执法的信息的公开公示平台，完善城市行政执法的监督机制和问责机制，从而保障行政执法的公开性、透明性、科学性。

第四，要提高司法的公信力。司法作为法律实施的重要一节，是维护公平正义的最后一道防线。这道防线必须在城市中牢牢地加固，因为城市作为国家运行的"细胞载体"居于重要的战略发展地位。要确保城市的司法独立运行，加快城市司法人员的人才培养，提升城市整体司法队伍的素质。同时，还要落实法官终身追责制，要求法官审判案件时严格按照法律规定，杜绝冤假错案的出现，追求公平正义的价值理念。

第五，要促进全民守法。全面依法治市要求城市广大人民群众之间树立法治权威，强化法治理念。"法律必须被信仰，否则它将形同虚设。"① 要使法治的观念在城市广大人民群众中深入人心，在解决市民纠纷与矛盾之时运用法治的思维。各级领导干部作为推进全面依法治市的领头人，就更加需要树立法治思维和提升法治能力，做到带头学法、模范守法。坚持全面依法治市的关键还在于使人民群众都成为社会主义法治的忠实崇尚者、自觉遵守者、坚定捍卫者，引导全民办事依法、遇事找法、解决问题用法、化解矛盾靠法，人人自觉守法诚信是建设法治国家和法治社会的最大力量源泉。② 通过在城市治理中开展全市范围的普法宣传教育，引导全体市民做遵纪守法的践行者，在城市广大人民群众中根植社会主义法治精神，争创现代文明城市。

第六，要加强党的领导。党的领导是保证全面依法治市顺利实施

---

① ［美］伯尔曼:《法律与宗教》，梁治平译，商务印书馆2019年版。
② 汪习根:《法治中国——民主法治精神举要》，中国人民大学出版社2014年版。

的根本保证，要把党的领导全面深入地贯彻到依法治市的整个体系之中。一方面，全面依法治市要求完善党内法规的体系，党员要自觉遵守党内法规的有关规定；另一方面，全面依法治市要求党员干部提升法治思维和加强法治能力的培养，促进党委决策机制的依法实施。

三、全面依法治市的法律保障作用

在以全周期管理理念作为推进现代化城市治理的科学指引之时，要贯彻落实全面依法治市的思想。全面依法治市在现代化城市治理中起到了有效的保障作用，具体体现在以下几个方面。

一是全面依法治市落实了现代化城市治理的公权与私权。城市治理作为一项推进国家治理体系和能力现代化的重要内容，其核心在于"人"。如何保障城市治理过程中城市广大人民群众的权利得到具体的落实，以及如何将城市治理环节中的公权力装进制度的笼子里，都要依靠全面依法治市的推进与落实。一方面，全面依法治市要求城市治理的规则体系对公权力行使进行严格的限定，包括行政行为的主体、范围、对象等，避免在城市治理过程中滥用公权力的现象发生；还包括对行政主体的问责制度的规定，防止在治理环节出现各行政主体间互相推诿扯皮。另一方面，全面依法治市要求切实保障城市广大人民群众的权利，同时也有一些义务性规定。

二是全面依法治市提供了全周期管理在城市治理中的法治环境。在现代化城市治理中，拥有一个良性发展的法治环境背景，无疑是城市实现治理的现代化转型的必要保障。全面依法治市依据全面依法治国方略方针的指导，强调法治对城市治理的重要性。将全周期管理纳入法治的大环境下，就会获得法律制度应有的相关保障，这源于法律所特有的优势地位。首先，法律是城市其他系统的重要价值标准，任何体系系统的整体目标都要以法律作为评价标准，包括全周期管理制度体系。其次，法律具有权威性使得全周期管理被纳入依法治市的体系中就带有了强制性。

三是全面依法治市确保了全周期管理在现代化城市治理中的运行。要利用全周期管理意识来探索城市治理的新路径，以这个"新思路"开拓超大城市现代化治理的新路子，就需要全面依法治市为其保驾护航。没有全面依法治市的贯彻与落实，全周期管理制度就缺少了基本的方向指引，难以开展全周期的、动态连续的活动管理；没有全面依法治市的贯彻与落实，全周期管理意识就落不到实处；没有全面依法治市的贯彻与落实，全周期管理活动中遇到的问题就难以得到有效解决。法律作为现代化城市解决冲突的重要途径，能使全周期管理运行中出现的纠纷与矛盾得到有效解决。

第三节　城市与城乡基层社会治理的全周期管理需要法治

充分发挥全周期管理的制度优势特点，将其合理高效地转化为治理效能，就必须坚持依法实施全周期管理。党的十九大明确提出了"健全自治、法治、德治相结合的城乡社区治理体系"的要求，《法治社会建设实施纲要（2020—2025年）》也提出了推进社会治理法治化的要求，这就凸显了现代化城乡治理中的全周期管理之法治建设的重要性。要坚持将法治的精神贯穿于全周期管理的整个过程，就要坚持依法实施全周期管理。

一、现代化城市与城乡基层社会治理和全周期管理依法实施的必要性

(一) 现代化城市与城乡基层社会治理依法实施的必要性

自2013年十八届三中全会提出"推进国家治理体系和治理能力现代化"的总目标以来,大到国家治理小到城市乡村治理都在进行深入的实践。要把治理体系深入基层,打通最后一公里,城乡治理的重要性不言而喻。实现城乡治理的现代化必然要以依法治理作为基本方式,在城市、乡村、社区的治理过程中利用经济、行政等手段的同时,必须依法实施,建设法治城市、法治乡村、法治社区。

创新社会治理,关键要提高城市治理整体能力,要强化依法治理,善于运用法治思维和法治方式解决城市治理顽症难题,努力形成城市综合管理法治化新格局。因此,现代化城乡治理的关键是要依托法治的方式,要求在城乡治理中依法治理。

治理能力现代化要求城乡治理依法实施。习近平法治思想明确法治是国家治理体系和治理能力的重要依托。[①]因此,法治是衡量国家治理能力现代化的一个重要标准。提升国家治理能力的现代化是一项重要的战略性目标,要稳步推进实施,要落实到基层。

全面依法治国要求城乡治理依法实施全周期管理。如前文所述,在全面推进依法治国战略方针的指导下,也要全面依法治市、依法治乡。全面依法治市、治乡是现代化城乡治理中的法律保障,它们保障了现

---

① 胡明:《深刻认识习近平法治思想的重大意义》,载《人民日报》2020年12月15日。

代化城乡治理的公权与私权，还提供了全周期管理在城市治理中的法治环境，并确保了全周期管理在现代化城市治理的运行。城乡作为全面推进依法治国战略的根基，要稳稳地扎住这个根基，就要在城乡治理中依法实施，将依法治理贯穿于现代化城乡治理的全过程。

城乡规划转型要求城乡治理依法实施全周期管理。中央城市工作会议上指明了城乡规划法治建设的重要意义，在《关于进一步加强城市规划建设管理工作的若干意见》中提出应依法制订城市规划，依法加强规划编制和审批管理，经依法批准的城市规划是城市建设和管理的依据，应严格依法执行。在全球治理大变革之背景下，随着改革的进一步深入，未来城市与乡村将会实现进一步加快融合并完成转型。在转型的整体设计上和编制管理上势必要求依法实施，才能科学高效地推动城乡转型的顺利实现。

（二）全周期管理依法实施的必要性

作为现代化城市治理新探索的全周期管理，必须紧紧依靠法治的思维和法治的方式来有效统领和全面整合城市治理的环节流程。为此，就要对全周期管理进行依法实施。

全周期管理依法实施是规范全周期管理的必然要求。全周期管理实现依法治理，就能在治理的每一个环节严格规定规范相关人员的职责和义务，把全周期管理的系统要素、结构划分、运行过程等方方面面纳入法治轨道，以依法实施来确保全周期管理制度的规范化的形成。

全周期管理依法实施是保障全周期管理的必然要求。全周期管理若想在城市这个复杂多变的有机生命体中充分发挥其优势效能，就需要把依法实施作为其保障各项机能有效运转的前提条件。全周期管理所特有的前期预防、早期遏制、中期控制以及后期反思的闭环模式需要在每一个环节中依法实施，以法律制度的优越性促进与保障全周期管理在现代化城市治理中的探索与前进。

全周期管理依法实施是保障全周期管理的必然要求。促进全周期管理方式改革、推动全周期管理模式的持续发展、解决全周期管理制度的相关问题，必须全面贯彻依法实施的法治思维和法治方式。以法定程序的方式激励全周期管理中的公众参与、专家评估、绩效改进等的改革，使全周期管理更加规范化、科学化。

无论是在常态下还是在遇到紧急突发的状况时，确保全周期管理的依法实施就能保证整个治理体系的稳定与长久实施，做到临危不乱、临危不惧。面对难以预测的自然灾害与紧急突发的公共卫生事件，我们应在全面推进依法治国的顶层设计理念的指导下，树立全周期管理的意识，做到依法防疫、依法管理。

二、现代化城市与城乡基层社会治理中全周期管理的依法实施

能不能真正解决城乡治理现代化转型所遇到的瓶颈，关键要看现代化城市与城乡基层社会治理中全周期管理有没有依法实施。贯彻依法实施，就表明了现代化城乡治理中全周期管理的有法可依和有法必依的治理态度，也显示了现代化城乡治理中全周期管理的执法必严与违法必究的治理决心。

（一）全面依法治国理念指导下的依法实施

全面依法治国是治国理政的基本方略，也是我国新时代推进国家治理体系和治理能力现代化的有力保障。现代化城乡治理作为国家治

理体系的重要内容，必须将法治作为城乡基层治理的基本方式。要注重发挥法治在现代化城乡治理中的重要作用，因此，以全面依法治国的理念作为根本指导，将现代化城乡治理中全周期管理纳入法治的轨道，深入推进依法实施，形成依法治理、依法管理的常态化。在全面依法治国的基本战略方针的指导下，探求保障依法实施的正确路径。

一是要加强党的领导。要坚持党的领导、人民当家作主、依法治国三者的有机统一。要深入依法治国的实践，将依法治国的理念贯彻落实到现代化城乡治理的全周期管理中以此来保障依法实施，党在其中起到了主导作用。党带领人民制定出来的法律法规能不能得到实施以及实施得正确与否，党的领导和推动作用是关键。坚持党对全面依法治国的领导，不是一句空的口号，必须具体体现在党领导立法、保证执法、支持司法、带头守法上。

二是要全面推进科学立法、严格执法、公正司法、全民守法。法的生命力在于实施。依法实施就是对执法、司法、守法各环节提出的要求，同时依"法"也强调要有法可依，因此也对立法环节作出了要求。在全面依法治国的顶层设计之下，注重依法实施，将依法实施落实到每一个具体的环节，对于实现建设社会主义法治体系，建设社会主义法治国家的总目标具有重要的价值意义。要在立法、执法、司法、守法各领域中推进依法实施，就要做到科学立法、严格执法、公正司法、全民守法。科学立法是全面推进依法治国的前提，严格执法是全面推进依法治国的关键，公正司法是全面推进依法治国的重点，全民守法是全面推进依法治国的基础。[①]

---

① 张文显：《全面推进依法治国的伟大纲领——对十八届四中全会精神的认知与解读》，载《法制与社会发展》2015年第1期。

三是要着力共同推进依法治国、依法执政、依法行政。全面推进依法治国方略是党领导人民治国理政的基本方式，因此在这个宏大的治理框架下，从全面依法治国的顶层设计出发，党在执政时要注重依法执政，各级政府在行使国家公权力时要讲究依法行政。全面依法治国是一个系统工程，必须统筹兼顾、把握重点、整体谋划，更加注重系统性、整体性、协同性，① 要着力依法治国、依法执政、依法行政的共同推进，就是在治国理政、执政、行政中贯彻依法实施的理念与精神。在现代化城乡治理的全周期管理中，管理者要做到依法行政，从而确保贯彻落实全面依法治国的基本方略。

（二）现代化城市与城乡基层社会治理的依法实施

要加快完善现代化城乡治理的法治体系建设，通过运用法治思维和法治方式来妥善解决城乡基层治理的问题，弘扬法治精神和理念来提升现代化城乡治理能力，才能有力推进城乡治理体系和治理能力现代化顺利进行，从而实现总目标即国家治理体系和治理能力现代化。

其一，应当完善城乡治理的法律法规体系。实现现代化城乡治理的依法实施，必须具备健全的法律体系。因此，要弥补城乡治理中存在的治理内容和治理程序上的法律空白，修改城乡治理中与社会实际生活发展不相符的法律法规，促进城乡治理实现法律制度层面现代化的转型。如针对当前有关乡村治理的立法在整个法律体系中的比重较小，存在比例失衡问题，应当尽快出台乡村治理有关方面的法律法规。乡村治理现代化居于重要的战略地位，乡村社会的振兴对于国家整体发展来说也是至关重要的。目前，应加强乡村在社会保障方面等方面

---

① 习近平：《加强党对全面依法治国的领导》，载《求是》2019年第4期。

的法律工作建设。此外，还应当注重发挥市民公约、乡规民约、村规民约等自治性规范的积极作用，从而加快完善城乡治理的法律法规体系建设。

其二，应当明确政府职责，提升执法水平。无论是基于国家治理现代化的要求，还是基于全面依法治市、治乡、治村的战略方针的指导，都对城市乡村基层政府提出了更高的治理水平要求。应当将城市乡村政府的职责在法律法规中予以明确规定，确保能够依法行政。将城市乡村政府的职责具体规定在法律制度中，就是将其权力关进制度的笼子中。明确划分城市乡村基层政府的职责范围边界，做到严格履行职责和程序，避免出现权力滥用和玩忽职守的现象。同时，在依法实施的过程中，要注重提升执法水平。执法水平是确保实施效果的关键因素，必须加强行政执法队伍的建设，"全面推进依法治国，建设一支德才兼备的高素质法治队伍至关重要"。因此要优化整合执法力量，加强行政执法队伍的建设，加强基层领导干部和人才执法能力的培养。

其三，应当鼓励多元主体参与协商。现代化城乡治理的核心在于"多元主体，平等参与"，因此要鼓励多元主体参与到城市治理、乡村治理中来，健全公众参与重大公共决策机制。重在健全规章制度，完善激励措施，明确职能，规范工作，理顺社区各组织之间的关系，实现多元治理主体合作方式的转型①。首先，应当以法律或规范性文件的形式确认非政府治理主体的地位，并拓宽公众有序参与城乡治理的渠道，对多元主体参与治理提供制度保障；其次，应强化广大城市乡村居民的主人翁意识，发挥城乡治理建设的主体性。在城乡基层大力进行

---

① 王权典、刘信洪、曾琥：《城镇化转制社区治理机制转型之法律探微》，载《法治论坛》2011 年第 3 期。

法治宣传与教育，推动社会力量参与城乡治理，建设人人有责、人人尽责、人人享有的治理共同体，构建共同治理的现代化治理格局。

其四，应当健全城乡治理的监督机制。依法实施的过程中不仅要人人守法，还要注重建构现代化城乡治理监督机制。保障人民群众对城乡治理的各项环节、各项工作进行监督，更具科学化地促进城乡治理的现代化进程。建立和完善城市乡村基层的监察体系，将治理的每一个环节纳入考核机制，全面、公开、透明地进行民主监督。

其五，应当推动法治工作重心下移。城乡社区作为社会治理的基本单元，发挥着基础性和关键性的作用。可以说，城乡治理依法实施工作的开展，离不开基层组织的贯彻与落实。著名的"枫桥经验"就是立足于基层实践的例子。枫桥在治理实践中总结出的"立足基层组织，整合力量资源，就地化解矛盾，保障民生民安"的"枫桥经验"，对于我国目前推进基层依法治理具有非常重要的借鉴意义。[①] 因此，应当大力推进法治工作在法制不健全的基层开展进行，通过设立如村（镇）司法所、调解站等基地确保乡村治理环节的依法实施，实现源头治理。紧紧抓住基层这个"源头"，坚持就地处理问题与解决纠纷，进而推进法治工作从基层到全国范围的开展实施。

其六，应当健全城乡治理矛盾化解工作机制。依据矛盾的普遍性原理，矛盾时时存在，城乡治理环节过程中也必然存在着这样或者那样的矛盾。必须妥善处理这些矛盾纠纷，确保在治理过程中让问题得到有效解决，让城乡居民感到合理满意。以"枫桥经验"为代表的"小事不出村，大事不出镇，矛盾不上交，就地化解"的矛盾解决纠纷机制为我们提供了一条新思路。一是要做到调解及时性，保证城乡治理

---

① 蓝蔚青：《枫桥经验是实事求是思想路线的产物》，载《观察与思考》2013年第11期。

矛盾能在基层及时化解，防止出现矛盾因不能及时有效地解决而被无限扩大蔓延的情况发生。二是要发挥积极性，充分调动一切社会力量参与促进纠纷的解决。因此就需要动员包括民事、行政、司法、治安等队伍加入纠纷解决机制中来，由传统的单一解决纠纷机制向现代化的多元解决纠纷机制过渡，进而维护城市和乡村的和谐稳定。

（三）推动"全周期管理"理念在现代化城市与城乡基层社会治理中的依法实施

"全周期管理"理念对于有效促进城乡治理实现现代化具有重大意义。将"全周期管理"理念引入现代化城乡治理的领域内，是解决城乡治理难题的新突破，也是推进国家治理体系和治理能力的新主张。全周期管理所具有的独特性，是其应用到城乡治理环节中的最大优势。全周期管理旨在从系统要素、结构功能、运行流程、结果反馈等方面对城市治理进行全面统领、立体化整合。[1] 在全周期管理意识的引导下，治理体系形成了一个前期预防、早期遏制、中期控制、后期反思的有机闭环治理模式。在这样的闭环治理下，前早中后四环节环环相扣，层层相叠，为现代化城乡治理提供了新思路。在坚持现代化城乡治理必须全面依法治国的大背景前提下，必须推动全周期管理理念在现代化城乡治理中的依法实施。

1. 前期预防环节

全周期管理的主要治理优势之一就在于突出预防重要性。一是在全周期管理理念的指导下，应未雨绸缪、高瞻远瞩地制定或者完善有

---

[1] 黄建：《引领与承载：全周期管理视域下的城市治理现代化》，载《学术界》2020年第9期。

关城乡治理中风险防范、危机管理方面的法律法规。如此一来，便能使城乡基层治理的"全周期管理意识"纳入法治轨道，有法可依。对此，应完善公共卫生领域的相关法律法规，启动修改《传染病防治法》《传染病防治法实施办法》《突发公共卫生事件应急条例》及《国境卫生检疫法》等法律法规。同时充分发挥地方立法的能动性，根据地方实际制定配套的地方性法规、政策等。二是在前期预防阶段就要开展应急教育和健康知识的普及，通过制定相应的治理政策、实施细则来保障依法实施的成效，促使城乡居民的防范意识显著提高。

2. 早期遏制环节

全周期管理本着在城乡治理中将风险降至最低的原则，注重在早期即对灾害进行遏制，将其解决在萌芽状态。因此，有必要完善依法决策机制，通过立法确定专家论证的城乡治理决策的法定程序，旨在发挥其专业性，加快推进决策的实施，使城乡治理民主化、科学化、现代化。

3. 中期控制环节

在全周期管理的中期，要构建多元主体共同参与的机制。各级政府要坚持依法行政的原则，坚持以人为本的理念，全心全意为人民服务。严格依据城乡治理的相关规定执法，做到权力不越界，权力不滥用。此外，鼓励非政府主体应当积极参与到城乡治理的过程中去，充分调动广大城乡居民的积极性，建构全民参与的全周期管理共同治理模式，打造全周期管理理念下的共同治理格局。

4. 后期反思环节

全周期管理要求在治理后期进行的反思是确保防范出现类似问题时重蹈覆辙。要进一步推动法律责任体系的完善，坚持在每一个环节依法治理的原则，对在治理环节中出现违法治理的人员依法追究其责任。并通过对城乡治理体系中的法律监督，对前早中期相关法律的执行与落实的情况进行综合评估，在事后进行完善和修正与社会发展不相适应的法律法规政策，为实现一体化预防控制体系提供科学的法律依据。

综上，在全周期管理意识的贯彻指导下，建立事前制定完备的法律法规，事中鼓励多元主体参与共同治理，事后监督执纪问责的现代化城乡治理机制，以此确保全周期管理理念在现代化城乡治理中的依法实施。

在全球治理大变革的环境中，全周期管理这把"新钥匙"是富有中国特色的方案，为世界各国国家治理体系的发展贡献了中国智慧。在全面依法治国战略的顶层设计之下，坚持推动全周期管理理念在现代化城乡治理中的依法实施，相信能迎来新的突破和进展。

第六章
现代化城市治理必须提升重大风险识别能力

第一节 风险识别能力是现代化城市治理的基本手段

一、现代化城市治理的风险与危机

社会转型驶入快车道、城镇化的快速推进以及网络技术的飞速发展为城市的发展注入了生机与活力，城市成为人口高度密集、各种资源高度汇聚的繁华圈，城市的发展日新月异。但同时，城市在快速发展的进程中，各种风险也逐渐开始酝酿。各种自然灾害、事故灾难、公共卫生事件和社会安全事件等是现代化城市治理必须解决好的公共危机事件。

（一）转型期各种矛盾错综复杂

社会转型背景下错综复杂的社会矛盾也是现代化城市治理面临的一大难题。纵观中西方社会发展历史，社会转型是世界上现代化国家所不能逾越的发展阶段。① 社会转型是指在社会根本性质、国家根本发展方向不变的前提下，具体的社会形态、社会结构、社会观念等发生变化。② 目前，我国正处于社会转型的关键时期，各种社会改革的复杂局面开始逐步凸显，各项改革事业进入攻坚阶段。社会快速转型期出现的社会巨大变化发生在中国社会生活各个领域，这些变化在速度、广度、深度、难度上都是前所未有的。③ 转型期机遇与挑战并存。这一时期，既是我国经济社会发展的重要机遇期，同时也是各种社会矛盾的凸显时期。转型时期社会原有的利益格局被打破，新的利益均衡机制尚不健全，在利益格局调整和社会构成发生深刻变化的过程中，由于利益和价值取向的多元化，由于城乡之间、地区之间、行业之间收入的差距，由于新旧体制转换带来的震动和摩擦，各种错综复杂的社会矛盾，涉及经济、政治、社会、文化等多个领域，并呈现出多发性、复杂性、突发性、群体性等新特征。④

（二）城镇化快速推进带来公共安全问题

城镇化的快速推进使城市陷入一定的风险与挑战之中。城镇化在促进经济发展、产业调整、科技进步、文化交流等方面具有积极的意义，但同时也不可避免地会带来一定的风险。大量人口、各类生活和生产要素高度汇聚于狭小的城市空间里，城市常常处于超负荷运转的状态之中，从而成为公共危机最易"光临"的集中地和发生地。在这种情

---

① 徐钝：《国家治理语境下司法能力嵌入与生成原理》，武汉大学出版社 2017 年版。
② 李宏斌、钟瑞添：《中国当代社会转型的内容、特点及应然趋向》，载《科学社会主义》2013 年第 4 期。
③ 蔡鑫主编，高峰、张静波副主编：《中国的转型》，中国人民大学出版社 2014 年版。
④ 张澧生：《社会组织治理研究》，北京理工大学出版社 2015 年版。

形下，任何小的意外都有可能成为公共危机的触发点和引爆器。一方面，人口高度密集与频繁流动致使公共安全风险增加。城镇化最主要的标志是城市人口占总人口比重的不断上升，截至2020年，我国城镇化率已超过60%。在城镇化的快速推进中，大量人口涌向城市，目前，我国多座城市的常住人口达到500万以上，甚至突破1000万。同时，交通工具的升级和交通线路的四通八达也为人们的出行带来了极大的便利，人口流动性空前提高。然而，人口的高度聚集和频繁流动为城市发展带来活力与机会的同时，也使城市陷入更大的公共安全风险之中，例如极易引起大规模的流行性疾病、致使社会局部秩序失控等问题。另一方面，社会矛盾激化、自然灾害增多等也是城镇化快速推进过程中不可避免的一些问题。城镇化的快速推进使得财富迅速累积的同时，市民之间的收入分配差距也逐渐拉大。收入分配的差距使得城市居民在住房、教育、医疗等基本需求方面存在巨大的差距。[1] 此外，城市的建设与发展对城市内部生态环境的破坏加大了自然灾害发生的概率，与此同时，城市处于超负荷运转状态，基础设施承载能力无法满足人们的需求，城市安全韧性不足，自然灾害对城市安全的影响日趋严重。[2]

（三）网络舆情加速或引发城市公共危机

根据《中国互联网络发展情况统计报告》，截至2020年3月，中国网民规模达到9.40亿，其中城镇网民规模为6.54亿，占网民整体

---

[1] 周芳检、何振：《大数据时代城市公共危机治理的新态势》，载《吉首大学学报（社会科学版）》2018年第4期。

[2] 刘馨蔓：《我国城镇化进程中的公共安全风险及对策探讨》，载《劳动保护》2020年第7期。

的 69.6%。① 由此可见，网络空间已经成为社会公众获取信息和表达意见的重要场所。与此同时，网络空间也成为各种社会舆情的聚集之地。网络舆情是指一定数量的网民通过互联网媒介表达对某事件的认知、意见和情感态度的总和。② 在网络空间里，社会公众自由地发表与传播各种信息，这里面既包括真实的信息，也有夸大、虚假、不实的信息，并且，信息在互联网上的传播具有"即时传播，即时到达"的特点，这无疑为网络舆情的滋生与爆发创造了先决条件。同时，话题本身的敏感性则是网络舆情形成与扩散的内在条件。这些话题往往攸关公众利益，挑逗着公众敏感的神经，并引发大量的关注。最后，网络信息的不对称性、网络媒体的舆情导向、网民较强的主观性、网络舆情中的从众心理等一系列因素皆在无形之中加速了网络舆情的发生发展，使得某一事件在短时间内迅速蔓延，形成大范围的舆论风暴，网络舆情一触即发。近年来，网络舆情对社会的影响与日俱增，若处理不当，极有可能引发民众的不良情绪，甚至可能引起社会恐慌。

二、提升风险识别能力是现代化城市治理的应有之义

1986 年，德国著名的社会学家乌尔里希·贝克在其出版的《风险社会》一书中，首次提出了"风险社会"这个极富创造性和时代意义的概念，并一针见血地指出，"在现代化进程中，生产力的指数式增长，

---

① 中国互联网络信息中心：《第 46 次中国互联网络发展情况统计报告》，2020 年 9 月 29 日发布。

② 高胪源、张桂蓉等：《公共危机次生型网络舆情危机产生的内在逻辑——基于 40 个案例的模糊集定性比较分析》，载《公共行政评论》2019 年第 4 期。

使危险和潜在威胁的释放达到了一个我们前所未知的程度"①。危机一触即发。在这样一个不确定因素逐渐增多、风险源不断增加的现代社会,如何提升风险识别能力是现代化城市治理面临的重大课题。

(一) 从社会风险到公共危机

"风险"和"危机"这两个概念总是紧密相连。在非学术语境下,"风险"和"危机"二者的概念可以等同,用以描述一种非正常的紧张状态,意义比较含糊,范围也比较宽泛。但实际上,"风险"和"危机"之间有着很重要的区别。"风险"和"危机"属于两套不同的话语体系:"风险"是经济学话语,"危机"是管理学话语;使用"风险"是为了揭示问题,使用"危机"更侧重解决问题;"风险"是抽象的,"危机"是具象的;运用"风险"的概念是为了反思,运用"危机"的概念则是为了控制;对"风险"的分析更在于提出一种新的现代性,强调"自反性",因而反对决策,而对"危机"进行探讨的动力来源于对其进行管理,因而强调"决策";"风险"的讨论更多的是一种弱实践性的话语体系,"危机"的管理则是一种强实践性的行为活动。而最为关键的是,任何风险在发生之后,就不能继续称为"风险",只能称为"危机";而"危机"在发生之后仍可以称为"危机"。因而,"风险"是"因","危机"是"果",两者之间具有一定的因果关系。②

尽管风险并不等同于危机,但是在一定的条件之下,抽象的风险也可能转变为现实的危机。如果放任风险不管,风险最终必然会演变

---

① [德] 乌尔里希·贝克:《风险社会》,何博闻译,译林出版社 2004 年版。
② 童星、张海波等:《中国转型期的社会风险及识别——理论探讨与经验研究》,南京大学出版社 2007 年版。

为具体的、现实的危机。换言之，危机是风险的实践性后果。[①]社会风险是风险的社会层面，公共危机则是危机的社会层面，鉴于危机与风险之间的因果逻辑，可以得出，公共危机是社会风险的实践性后果。

（二）"危""机"并存：公共危机具有可治理性

"危机"一词在构词手法上十分精妙，其由两个表示相反意义的字"危"和"机"组成："危"意指危险、不安全，"机"则意指机遇、时机、机会。"危机"是危险与机遇的碰撞。2020年4月1日，习近平总书记在浙江考察时指出，危和机总是同生并存的，克服了危即是机。现代化城市治理亦是如此。在面临危机事件时，如果能够抓住机遇，危险便可能迎刃而解，从而转"危"为"机"。

于社会公众而言，公共危机事件总是以突然的形式出现的，但这并不意味着公共危机事件的发生是毫无征兆可寻的。公共危机是社会风险的实践性后果，社会风险是公共危机的前期形态。事实上，自风险开始酝酿到公共危机的爆发需要经过一个动态的、连续的时间周期。在风险形成初期，风险其实是以潜在的形式存在，它处于一种内隐状态，不会对城市的既有秩序造成现实的冲击或破坏，社会公众也无法直观地感知到风险的存在，但是风险却是实实在在存在的。而当风险不断升级，超出了城市的承受程度时，内隐状态下的风险逐渐开始外显，人们可以真切地感受到风险的威胁，甚至风险还会进一步转化为现实的、具体的公共危机事件，从而给人类生命安全、财产安全造成巨大的威胁与损失。城市公共安全风险由内隐状态向外显状态转化的

[①] 童星、张海波等：《中国转型期的社会风险及识别——理论探讨与经验研究》，南京大学出版社2007年版。

过程实际上是对现代化城市治理体系和治理能力的一个严峻考验。① 从风险开始酝酿到风险转化为具体的公共危机事件并造成现实破坏之前，城市治理主体如果能够尽早识别到风险的存在并予以干预，在某种程度上可以有效减少公共危机造成的损害，甚至可以将公共危机扼杀于萌芽之中。

另外，从我国应对公共危机事件的实践出发，过往的许多灾害性危机事件均表明，危机之所以造成巨大的破坏和损失，是因为不够重视危机预防。以2003年"12·23开县特大井喷事故"为例，这一普通事故之所以演变成异常灾难，最主要的原因就是危机预防和预警机制未发挥有效的作用。而时隔三年，2006年3月25日，开县原事故发生地再次发生的井漏事故却没有造成任何伤亡，这无疑是最好的例证。②

概而言之，尽管公共危机大都是以突然爆发的形式出现，但是从公共安全风险的发生发展规律以及我国应对公共危机的实践层面出发，在很大程度上公共危机是具有可治理性的。自公共安全风险开始酝酿始，对风险进行干预的时间越早，越能有效遏制社会风险向公共危机的转化。

（三）风险识别是城市公共危机治理的逻辑起点

2019年1月21日，习近平总书记在省部级主要领导干部坚持底线思维着力防范化解重大风险专题研讨班开班仪式上发表的重要讲话强

---

① 曹惠民：《治理现代化视角下的城市公共安全风险治理研究》，载《湖北大学学报（哲学社会科学版）》2020年第1期。

② 黄健荣、胡建刚：《公共危机治理中政府决策能力的反思与前瞻》，载《南京社会科学》2012年第2期。

调了防范化解风险的重要性：面对波谲云诡的国际形势、复杂敏感的周边环境、艰巨繁重的改革发展稳定任务，我们必须始终保持高度警惕，既要高度警惕"黑天鹅"事件，也要防范"灰犀牛"事件；既要有防范风险的先手，也要有应对和化解风险挑战的高招；既要打好防范和抵御风险的有准备之战，也要打好化险为夷、转危为机的战略主动战。防范化解风险建立在识别风险的基础之上，因而，强化风险意识、提升风险识别能力是防范化解风险的前提与必要手段。各级党委、政府和领导干部要强化风险意识，常观大势、常思大局，科学预见形势发展走势和隐藏其中的风险挑战，做到未雨绸缪。

正所谓"大风起于青萍之末"，"千丈之堤，以蝼蚁之穴溃"，"患生于所忽，祸起于细微"，公共危机事件最初大都源自不易察觉的细微风险。因而，风险识别应是城市公共危机治理的逻辑起点，同时也是实现危机治理最高境界的必要手段。"明者远见于未萌，而智者避危于未形"，"上工治未病，不治已病"，"预防是解决危机的最好方法"，危机治理的最高境界便是使危机消弭于无形之中。城市治理主体越早介入公共危机的治理中，公共危机的治理效果则越好。而何时介入城市公共危机的治理中，一个很重要的因素是，于何时识别到风险的存在。公共危机的发生看似是偶然事件，但实则是各种因素积累到一定程度的必然结果。正所谓量变引起质变，任何公共危机在爆发之前，总会展露出一些异常征兆或蛛丝马迹，只不过有的征兆比较明显，而有的征兆不太明显，有的征兆只要人的感官就可以察觉，而有的征兆则需要借助仪器或者技术手段才能捕捉到。如果城市治理主体能够在复杂的社会环境中及时捕捉到这些风险征兆或信号，并准确地识别和掌握公共危机的触发点，那么就能在风险升级、危机触发之前及时采取针对措施，危机就有可能消弭于无形之中，从而避免公共危机的发生，达到公共危机治理的最高境界。①

(四) 风险识别具有重要的社会经济效益

相较于一般危机,公共危机对社会产生的负面影响范围更大、程度更深,这与公共危机的特征紧密相关。第一,公共危机具有突发性。公共危机的发生,大多是以突然的形式出现的,这也导致公共危机一旦发生,将具有极大的破坏性和冲击性。第二,公共危机具有危害性。无论是何种原因引发的公共危机,都可能造成巨大的经济损失和人员伤亡。第三,公共危机具有不确定性。不确定性是指在公共危机发生之前以及发生发展的过程中,存在众多的可能性,我们难以准确地预测公共危机的发生、发展趋势、损害后果等。第四,公共危机具有扩散性。公共危机并非一成不变的,而是在不断发展变化的,其影响范围是在不断扩大、扩散的。②第五,公共危机具有公共性,这是公共危机区别于一般危机最重要的特征。公共危机一词中"公共"两字就揭示了公共危机的公共性,其是指公共危机所产生的影响通常是社会层面的。③第六,公共危机还逐渐呈现出跨边界传播的新特征。公共危机常常跨越政治边界、功能边界、时间边界或同时跨越多个边界传播。④

公共危机的前述特征使得公共危机一旦发生,将造成重大损失。风险识别的重要性,不仅在于其是城市公共危机治理的逻辑起点和关

---

① 朱瑞博:《突发事件处置与危机领导力提升研究》,中国法制出版社 2013 年版。
② 韩璐:《公共危机协同治理研究》,南京师范大学,2017 年硕士学位论文。
③ 朱周谊:《新媒体背景下地方政府危机沟通的困境及应对策略》,华东政法大学,2019 年硕士学位论文。
④ 杨安华、童星、王冠群:《跨边界传播:现代危机的本质特征》,载《浙江大学学报(人文社会科学版)》2012 年第 6 期。

键环节，也在于风险识别能够带来较高的经济效益和较好的社会效益。一方面，风险识别有利于城市治理主体以较小的代价避免巨大的损失。当社会风险不断升级并最终转变为现实的公共危机时，即使应对公共危机的措施再尽善尽美，实际上也难以挽回已经造成的损失和损害。但是通过风险识别，城市治理主体可以有效识别到盘旋于城市上空的风险因素，从而及时采取措施化解风险，在一定程度上可以减少公共危机事件的发生，或者说遏制公共危机事态的升级，从而使得因公共危机事件造成的损失降到最低。另一方面，风险识别也能带来良好的社会效益。及时、有效的风险识别可以彰显城市治理主体在公共危机治理工作中的本领与水平，从而有利于树立良好的政府形象，增强社会凝聚力。

第二节 信息及时预警和发布是化解风险的前提

一、信息预警是化解风险的必然要求

（一）信息预警的内涵

"预"有"事先、预先"之意，"警"有"戒备"之意。联合国把预警正式定义为：通过识别环境，为面临潜在风险的个体采取行动避免或者减少风险，以及为应对准备提供及时有效的信息。概而言之，公共危机信息预警要求危机治理主体充分全面收集公共危机的相关信息，对所收集的信息进行处理分析，从而对公共危机的发生发展等情况做出合理预估，并向社会公众和有关部门发出警示信息。由此可见，信

息预警是建立在一系列信息活动之上的公共危机治理工作。

（二）信息预警在识别和化解风险中的重要作用

风险识别是指找出政府所面临的各种风险，识别并确认潜在的风险，主要回答"会发生什么糟糕的事"以及"如何发生"的问题。风险识别要求鉴别风险的来源、范围、特性及与其行为或现象相关的不确定性，这在很大程度上界定了风险的本质特征。同时，风险识别要求全面做好危险源的普查工作，不断提高预测和预报风险的技术水平。[1]

首先，信息预警是风险识别的重要手段。其一，公共危机的信息预警建立在风险识别的基础之上。城市治理主体借助信息预警手段，基于以往的治理经验，对可能引发公共危机的各种因素及其所呈现的危机信号或征兆进行严密监测，从而识别到风险的存在，并对可能引发的公共危机的发生时间、发展趋势、波及范围、事态后果等进行预测。通过信息预警，城市治理主体可以识别风险的来源、范围、特性等，从而界定风险的本质特征，回答"会发生什么糟糕的事"以及"如何发生"的问题。其二，借助信息预警可以全面识别危险源，有效提升风险识别效果，增加预测风险的准确度。风险识别能力主要来源于人类对风险的正确认知和预判，同时也受到风险识别技术的影响和制约，风险识别能力是人的主观认知能力和技术支持之间的有机统一。[2] 技术的更新迭代，电子政务、政府数据开放共享的推进以及相关政策法规的不断健全，一方面，使得各种与公共危机有关的信息得以迅速、全

---

[1] 张小明：《论公共危机事前风险管理与评估》，载《北京科技大学学报（社会科学版）》2007年第1期。

[2] 曹惠民：《治理现代化视角下的城市公共安全风险治理研究》，载《湖北大学学报（哲学社会科学版）》2020年第1期。

面汇聚；另一方面，使得信息处理和分析技术得到大幅提升，从而可以更加科学、精准、全面地识别风险。

其次，信息预警为化解风险提供重要保障。风险识别是化解风险的第一步，只有清楚地认识到我们所面临的风险是什么，才能针对性地采取措施。城市治理主体在识别到风险的存在后，应积极采取措施以阻止风险的扩散和升级，避免由抽象风险向现实危机的转化，从而将公共危机扼杀于萌芽之中。在风险治理过程中，信息预警对社会风险精准而全面的分析可以为城市治理主体采取风险治理措施提供依据，进而保障风险治理的科学性与合理性，从而有利于风险的化解。

（三）信息预警在危机决策中的重要地位

公共危机是社会风险的实践性后果，当社会风险破坏秩序的力量超出了城市的承受能力，并进一步转化为现实的、具体的公共危机事件时，城市治理主体的工作重心则由事前的风险识别和风险治理向公共危机事件的应急治理转移。

公共危机决策指在公共危机状态下，决策者在极为有限的时间、信息、资源、人力等严格约束条件下快速采取非常规的危机应对具体措施来控制、降低和消除公共危机的过程。公共危机决策具有以下几个特点：一是快速果断。公共危机决策的首要目标是控制公共危机的蔓延，尽可能地保护民众的生命和财产安全。但公共危机的突发性、严重性和高时限性使得决策者根本不可能有充分的时间按照常规程序来进行决策。公共危机的事态发展瞬息万变，决策者必须具备在极短的时间内快速判断、快速反应、快速决策、快速修正等能力，否则就可能错失良机。二是决策环境的严酷性与决策的高风险性。公共危机决策的时间紧迫，且受到信息不完全、信息不及时、信息不准确以及资源短缺等因素的制约。在公共危机状态下，信息一般都是以模糊、散乱、混沌、"雾状"存在，决策者所掌握的信息与真实的信息之间往往存在着质与量的严重"不对称"，这决定了公共危机决策必然是一种高风险的组织行为。三是决策程序的非常规性与效果的非预期性。公共危机状态的严重性决定了公共危机决策不可能按照常规的程序进行。同时，由于公共危机的不确定性，以及决策者难以在短时间内掌握充分和准确的信息，决策者往往只能是在有限的时间内和高强度的压力下迅速做出他们认为可行的决策方案。[①]

公共危机一旦爆发，将对社会造成难以估量的危害，决策者必须迅速做出正确的决策以控制和消除公共危机。在这个过程中，任何的决策失误都可能会导致公共危机事件朝着不可控的方向发展，从而导致事态的恶化升级。正因为如此，危机决策应是城市公共危机应急治理的核心环节之所在。科学的危机决策有利于控制公共危机的事态发展，使得公共危机朝着好的方向演变，从而转"危"为"机"。在城市公共危机的决策过程中，信息预警扮演着极为重要的角色。

首先，信息预警是公共危机决策的前提，是公共危机决策的先决条件。从信息的角度来说，公共危机决策的过程实际上就是获取、加工、传递和利用信息的过程。[②]信息是最为主要的决策资源，决策者做出公共危机决策需要掌握大量的信息。通过信息预警，危机决策者可以获知公共危机的影响因素、发展趋势、辐射范围、损害后果等多种信息，并基于此迅速决策。

其次，信息预警为公共危机决策提供科学依据。公共危机决策直

---

① 张永理：《公共危机管理》，武汉大学出版社 2015 年版。
② 斯亚平：《公共危机管理体系研究》，知识产权出版社 2007 年版。

接影响公共危机治理的成效,而决策者的决策水平则直接影响危机决策的科学性、合理性、有效性等。换句话说,决策者的决策水平在很大程度上影响着公共危机治理之最终效果。因而,如何提升决策水平是公共危机治理难以回避的一个基础问题。随着经济社会的发展,城市公共危机更加复杂多变。在现今社会中,各种城市公共危机事件的应急决策比以往更加纷繁复杂,往往涉及不同的学科和领域。不同于常规决策,公共危机决策者往往承受着巨大的压力:一方面,决策者的决策过程受到多种因素制约;另一方面,危机决策后果又难以预料,一旦决策失误,可能导致公共危机的迅速升级。在公共危机的治理中,仅仅凭借决策者个人或组织的知识与判断难以及时迅速做出科学合理的危机决策,因而,公共危机的决策过程有必要借助信息技术等手段,以为科学决策提供保障。城市公共危机决策对于数据分析和信息处理的需求,与大数据时代信息技术的发展不期而遇。[①] 在公共危机的治理中,信息化发挥着巨大的作用。通过对公共危机相关信息的全面收集与分析,信息预警可以对公共危机的类型、发展变化趋势、影响范围、危害程度等相关信息及时做出科学合理的预估。决策者基于预警信息,从而可以迅速做出科学、合理的危机决策,以应对城市公共危机。

最后,信息预警是对城市公共危机应急治理效果的有效反馈,有利于公共危机决策的调整与优化。公共危机信息预警是一个动态的过程,能够实时反映公共危机治理的情况和成效。在城市公共危机治理过程中,决策者基于预警信息做出危机决策,并将危机决策落到实处。然而,已采取的危机决策措施所收到的实际效果是否与决策者的预期

---

① 周芳检、何振:《大数据时代城市公共危机治理的新态势》,载《吉首大学学报(社会科学版)》2018年第4期。

目标相吻合？危机决策是否能有效应对公共危机？是否有必要对危机决策进行调整与优化？针对前述问题，公共危机信息预警则能给出一个满意的答复。鉴于公共危机信息预警是实时更新的，在危机决策落实的过程中，可以根据信息预警的统计结果，评估具体应对措施的有效性，以便于对已经做出的危机决策进行调整与优化，以提高公共危机治理水平。

二、畅通信息的发布是化解风险的重要保障

公共危机事件的信息发布是政府应急管理工作中的一条重要战线，同时也是政府在公共治理工作中面临的重大挑战之一。如果处置不当，很可能形成管理负效应增倍的不良后果。[①]

危机信息的健康传播在突发性公共危机管理中至关重要，[②]运作良好的信息发布机制影响着公共危机事件治理之成效。从保障公民知情权的角度出发，及时有效的信息发布能够满足公民的知情权，这对于减少谣言的扩散与传播、避免公众恐慌有着重要的意义。从公共危机治理模式的角度出发，畅通信息的发布有利于构建多元一体的全民参与治理模式，从而有利于全社会上下一心共同应对公共危机。从危机决策的角度出发，畅通信息的发布可以有效减少"信息孤岛"现象，从而为公共危机决策增添保障，有利于决策者做出更加科学、合理的危机决策。

---

① 乔仁毅、龚维斌主编：《政府应急管理》，国家行政学院出版社 2014 年版。
② 李志宏、王海燕、白雪：《基于网络媒介的突发性公共危机信息传播仿真和管理对策研究》，载《公共管理学报》2010 年第 1 期。

（一）信息发布概述

简而言之，公共危机事件的信息发布是指政府向社会公众传播公共危机相关信息的行为。根据《中华人民共和国突发事件应对法》对信息发布的有关规定，可以将公共危机事件的信息发布定义为履行统一领导职责或者组织处置突发事件的政府及其有关部门按照有关规定向社会统一、准确、及时发布突发事件事态发展和应急处置工作信息的行为或过程。[①] 信息发布既是政府应对突发事件的重要环节，也是政府信息公开的必要组成部分。[②] 近年来，伴随着《国家突发公共事件总体应急预案》《突发事件应对法》《政府信息公开条例》《国家突发事件预警信息发布系统运行管理办法（试行）》等法律法规、规范性文件的颁布与实施，我国对公共危机事件中信息发布工作的重视程度不断提升。

2006年1月8日发布并开始施行的《国家突发公共事件总体应急预案》第三章对突发公共事件的信息发布作出了规定：突发公共事件的信息发布应当及时、准确、客观、全面。事件发生的第一时间要向社会发布简要信息，随后发布初步核实情况、政府应对措施和公众防范措施等，并根据事件处置情况做好后续发布工作。信息发布形式主要包括授权发布、散发新闻稿、组织报道、接受记者采访、举行新闻发布会等。

2007年11月1日开始施行的《中华人民共和国突发事件应对法》第53条和第54条也涉及突发事件的信息发布。第53条是关于突发事件信息发布的直接规定：履行统一领导职责或者组织处置突发事件的人

[①] 付立红、于魏华著：《税务机关突发事件应对》，东北财经大学出版社2018年版。

[②] 陈艳红、黄佳慧：《政府应急信息发布中政府、媒体与公众关系研究综述》，载《档案学研究》2012年第3期。

民政府，应当按照有关规定统一、准确、及时发布有关突发事件事态发展和应急处置工作的信息。第 54 条是关于禁止编造、传播有关突发事件虚假信息的规定：任何单位和个人不得编造、传播有关突发事件事态发展或者应急处置工作的虚假信息。

2008 年 5 月 15 日开始施行的《中华人民共和国政府信息公开条例》明确了政府的信息公开义务，规定了政府信息公开的范围。根据该条例，行政机关主动公开的政府信息包括突发公共事件的应急预案、预警信息及应对情况，以及环境保护、公共卫生、安全生产、食品药品、产品质量的监督检查情况。

2015 年 6 月 30 日国务院办公厅秘书局印发的《国家突发事件预警信息发布系统运行管理办法（试行）》对利用国家预警发布系统制作、发布、传播突发事件预警信息作出较为全面细致的规定，以提高预警信息发布时效，最大限度地预防和减少突发事件及其危害。

（二）畅通信息的发布有利于避免社会恐慌

正所谓危机与恐慌相生相伴，社会恐慌大都伴随着重大公共危机事件的发生而出现。随着人类迈入风险社会时代，各种自然灾害、事故灾难、公共卫生事件、社会安全事件等公共危机事件频频发生。在公共危机事态下，原本和谐安定的社会秩序遭到破坏，社会公众稳定的生活状态受到影响。由于缺乏充分的心理准备，人们会猛然进入恐慌状态，并且这种恐慌通常会相互传播、感染、聚集，从而迅速升级为社会恐慌。[①] 社会恐慌具体表现为人们对日常生活中各种潜在的安全

---

① 王学飞：《非常规突发事件中的群体性恐慌治理研究》，中国石油大学，2018 年硕士学位论文。

风险过分担忧,对其现实的安全风险予以超乎寻常的密集关注,以至于在某些情境和触发条件下产生集群性的恐慌行为,造成社会麻烦和公共秩序混乱。从客观效果上看,社会恐慌的非理性传播不仅没有真正消除潜在的安全风险,反而有可能增加新的社会安全问题。①

与常态环境中社会信息供求关系的相对平稳相比较,公共危机事件下的信息供求关系则显得更趋紧张。有关公共危机事件发生原因、危害程度、发展趋势、事态进展、影响后果、治理措施、治理效果等方面的信息,社会公众既有数量上的需求,渴望获得足够的信息以全面了解公共危机事态,也有质量上的要求,要求获得真实可靠的信息,②更有效率上的要求,要求能够及时、迅速获得公共危机的相关信息。然而,近年来,在公共危机事件的应对实践中,政府信息发布常常存在不及时的情况。在信息化时代,信息已不可能被封锁,人们获得信息的渠道多种多样,同时,信息的传播速度之快、范围之广、影响之大等都是史无前例的。在公共危机的应对中,官方信息发布不畅,小道信息不胫而走,导致网络舆情铺天盖地的现象比比皆是。面对浩如烟海又真伪难辨的信息,真相的缺席成为引发社会恐慌的主要原因。③在城市公共危机的治理中,畅通信息的发布,保障社会公众的知情权,在一定程度上可以遏制谣言的滋生与传播,避免社会恐慌的出现。

---

① 廖卫民:《社会恐慌的传播机制与治理对策研究——基于谣"盐"风波的理论分析》,载《当代传播》2011 年第 3 期。

② 曹劲松、曹鲁娜:《突发公共卫生事件下的信息沟通与传播治理》,载《南京社会科学》2020 年第 4 期。

③ 惠东坡、杨欣:《央视〈战疫情特别报道〉舆论引导路径初探》,载《当代电视》2020 年第 4 期。

面对现代风险社会，公民知情权保障已经成为风险治理现代化的逻辑起点，[①]而畅通信息的发布则是保障公民知情权的必然选择。第一，畅通信息的发布要求政府向社会公众全面发布危机信息，包括突发事件事态发展和应急处置工作两方面的信息。如此一来，有利于社会公众全面了解到公共危机的相关情况，满足社会公众对公共危机信息的数量需求。第二，畅通信息的发布要求政府向社会公众统一、准确地发布公共危机事件相关信息。现代社会信息传播渠道呈现多元化的特点，但与其他信息获取渠道相比较，政府信息发布应当是社会公众最为信任的信息获取渠道。政府作为社会治理的主导和行政事务的主管，既是公共危机的决策者，也是危机信息的发布者。在公共危机信息的发布中，政府具有天然的优势，掌握着第一手的信息资源。政府发布的信息更具权威性和真实性，在很大程度上可以有效满足公民渴望获得真实可靠的信息的需求。第三，畅通信息的发布要求政府及时发布有关公共危机事件的信息。在公共危机事件的治理中，政府应当在第一时间向社会公众发布简要信息，随后发布初步核实情况、政府应对措施和公众防范措施等后续信息。在信息化时代，谣言传播有如流感肆虐，在极短的时间内便能掀起腥风血雨。官方信息发布稍晚，谣言可能就已漫天飞舞，畅通信息的发布对于遏制谣言的传播、避免公众恐慌等具有重大意义。

（三）畅通信息的发布有利于全社会共同应对公共危机

公共危机不仅仅是对政府部门的挑战，更是对社会整体应对能力

[①] 周佑勇、朱峰：《风险治理现代化中的公民知情权保障》，载《比较法研究》2020年第3期。

的考验。①城市治理的核心是建立多元主体参与、运行有效的治理体系，因而，构建多元一体的全民参与治理模式是城市公共危机治理的应有之义。只有使政府各部门、社会组织、企业、社会公众等多方主体都参与到公共危机的治理之中，上下一体，勠力同心，才能及时有效地化解公共危机。一方面，在自然灾害、事故灾难、公共卫生事件、社会安全事件等公共危机事件面前，任何人都不能独善其身。在公共危机发生时，作为社会系统重要组成部分的非政府组织、企业、公民等主体在一定层面上也会受到公共危机事件的影响。同时，前述主体作为政府公共政策的受众，也必然会受到政府公共危机治理政策和措施的影响。②另一方面，现代社会及其运行机制的深刻变化赋予公共危机新的特征也要求提升协同治理能力。当代城市所面临的公共危机除具备传统公共危机的突发性、危害性、不确定性、公共性、扩散性等基本特征外，还逐渐呈现出跨边界传播的特征。公共危机常常跨越政治边界、功能边界、时间边界或同时跨越多个边界传播。公共危机跨边界传播的直接后果是导致危机的迅速升级，进而使得公共危机朝着难以控制的方向愈演愈烈，这无疑给公共危机的治理带来了极大的挑战。③公共危机跨边界传播的复杂社会属性决定了任何单一治理主体都无法对其进行有效治理，理想的公共危机治理主体应当是政府内部各层级、

---

① 张智新、孙严：《公共危机中多元主体协同治理机制探究》，载《行政管理改革》2019年第4期。

② 胡建华、华丽珊：《跨区域公共危机协同治理的逻辑：基于理论、实践和制度的解释》，载《江西理工大学学报》2019年第6期。

③ 杨安华、童星、王冠群：《跨边界传播：现代危机的本质特征》，载《浙江大学学报（人文社会科学版）》2012年第6期。

各部门以及政府与外部社会主体之间的协调联动、合作治理。①

畅通信息的发布，有利于构建多元一体的全民参与治理模式，从而有利于全社会共同应对公共危机。党的十七大报告明确指出"保障人民的知情权、参与权、表达权、监督权"，这四项权利是我国公民的基本权利，同时也是构建多元一体的全民参与治理模式的必然要求与根本遵循。其中，知情权是行使参与权、表达权和监督权的前提与基础。畅通信息的发布要求政府及时、统一、准确发布公共危机事件的相关信息。一方面，这可以有效保障公民的知情权，提升公众的配合度，从而提高公共危机治理的效率。另一方面，这可以促使社会公众有效参与到公共危机事件的治理中去，表达对公共危机决策和措施的看法，并监督政府在公共危机应对中的行为，有利于形成上下一致的共识和凝聚力，有利于公共危机事件的解决。②

（四）畅通信息的发布可以有效减少"信息孤岛"现象

国家治理现代化强调治理信息的公开透明，致力于治理制度信息流的良性循环。③然而，信息交流不畅通仍是现代化城市治理面临的又一棘手问题。在城市公共危机治理过程中，保持信息畅通、反应敏捷是危机治理需要坚持的一个重要原则。信息的及时发布对于危机治理中的正确决策以及采取有力措施意义重大，这是就危机治理部门内部

---

① 张玉磊：《跨界公共危机与中国公共危机治理模式转型：基于整体性治理的视角》，载《华东理工大学学报（社会科学版）》2016 年第 5 期。
② 温秋阳：《中国特色应急广播研究》，中国广播电视出版社 2015 年版。
③ 刘倩：《国家治理现代化视域下地方政府危机管理困境及其破解》，载《云南行政学院学报》2014 年第 6 期。

做到信息渠道畅通而言的。① 在城市公共危机的治理中，畅通信息的发布不仅要求政府及时高效地向社会公众传达危机信息，也要求畅通危机治理部门内部之间的信息发布，实现危机信息的流通顺畅。

大数据时代的到来颠覆了传统社会治理的方式，改变了传统的社会治理理念、组织、形式、治理方式等。尽管大数据技术为各级政府与部门之间的信息交流与共享提供了条件，但是大数据时代的公共危机治理仍然面临着严重的"信息孤岛"问题。有关公共危机的信息分布在不同层级、不同职能的政府部门之中，不同的治理主体所拥有的危机信息都是不完全的、不断变化的信息片段。但由于政府信息公开机制的不健全和执行不到位，且缺乏公共危机治理共享平台，相关信息的透明度不高等原因，使得即使这样的碎片化信息也难以实现共享。同时，我国在公共危机的治理中缺乏有效的沟通渠道和联动机制，部门间协同性不够，危机治理存在部门化倾向。以上种种因素严重制约了资源整合的能力，给政府内部信息的流动、协调与整合制造了重重困难，进而产生信息壁垒，导致政府内部之间沟通不畅，"信息孤岛"由此形成。②

保持政府内部信息的传输畅通是城市公共危机治理的应有之道。公共危机事件的应急治理，在很大程度上是一种在短时间内应急指挥决策的过程，决策水平直接影响着公共危机事件治理之成效。除决策者自身的素质之外，决策者获得的信息全面、准确与否，直接决定着危机决策的科学性、合理性和有效性。信息时代最核心的要求就是网络

---

① 许智奇：《政府在公共危机管理中的信息发布研究》，浙江师范大学，2014年硕士学位论文。

② 张玉磊：《跨界公共危机与中国公共危机治理模式转型：基于整体性治理的视角》，载《华东理工大学学报（社会科学版）》2016年第5期。

的互联互通和信息资源的共享，保证信息快速通畅地传递，畅通公共危机事件的信息发布，建立完整的信息传输渠道，有利于为政府的应急指挥决策提供科学依据。[①]畅通信息的发布必然要求整合与公共危机事件有关的各类信息资源，这可以有效避免或减少政府部门内部之间的"信息孤岛"问题。一方面，危机治理部门得以汇聚与共享公共危机的各种相关信息。公共危机的有效治理有赖于对信息资源的充分利用，基于完整、全面的危机信息，危机决策者可以做出更加科学、合理、有效的决策，采取更加有力的治理措施。另一方面，"信息孤岛"问题不仅存在于危机决策之时，而且贯穿整个危机治理过程。畅通信息的发布也有利于解决主体及时发现城市公共危机治理过程中存在的问题，以便迅速调整危机决策与治理措施，从而提高城市公共危机治理之效率。

第三节　信息及时预警和发布是全周期管理中事前预防的重要环节

一、事前预防：全周期管理的关键环节

新冠肺炎疫情是对我国推进国家治理体系和治理能力现代化的一次严峻考验，在新冠肺炎疫情的防控工作中，我国城市治理和城乡治理中存在的问题显露无遗。2020年3月10日，习近平总书记在湖北省考察新冠肺炎疫情防控工作时指出，要着力完善城市治理体系和城乡基层治理体系，树立"全周期管理"意识，努力探索超大城市现代化

[①] 汪永清主编：《中华人民共和国突发事件应对法解读》，中国法制出版社2007年版。

治理新路子，从而将全周期管理理念纳入国家治理体系和治理能力现代化的话语体系之下。2020年5月24日，习近平总书记参加十三届全国人大三次会议湖北代表团的审议时进一步强调了全周期管理意识在城市治理中的重要地位，指出全周期管理理念需要贯穿城市规划、建设、管理全过程和各环节。树立"全周期管理"意识，不仅是总书记在总结新冠肺炎疫情大考经验后提出的时代新命题，更是对推进国家治理体系和治理能力现代化的深切要求和殷殷希望。

2020年2月23日，习近平总书记在统筹推进新冠肺炎疫情防控和经济社会发展工作部署会议上指出，要时刻保持如履薄冰的谨慎、见叶知秋的敏锐。强调了警惕和防范风险的重要性。在现代化城市公共危机治理中，树立全周期管理意识需要秉持"不治已病治未病，不治已乱治未乱"之理念，致力于下好防范化解风险的"先手棋"。

从全周期管理的内涵出发，树立全周期管理意识要求精准把握城市治理的发展规律，从而前瞻研判，防患于未然。全周期管理理念强调充分考虑管理对象的全生命周期的需求，在现代化城市治理中树立全周期管理的意识，要求将城市视为一个生命体、有机体，将城市的发展历程视为城市的生命周期，城市治理要充分考虑到城市自身及其组成部分在各个阶段的发展情况。从整体层面而言，城市发展存在其自身的生命周期。同时，城市的各个组成部分，不论是硬件结构，还是软件要素，也都存在着自身发展的生命周期。因而，树立全周期管理意识要求治理者放眼于城市发展演进的全过程，聚焦于城市自身及其各组成部分的生命周期，从周期变化的角度把握城市各部分及其整体的治理规律和运行机理。①

---

① 郑长忠：《"全周期管理"释放城市治理新信号》，载《人民论坛》2020年第18期。

从全周期管理的理念出发，树立全周期管理意识要求城市治理应当有所侧重，城市公共危机的治理重心应当从传统的事后应急处置向公共危机的事前预防环节转移。正如前文所言，当社会风险不断升级并最终转变为现实的公共危机时，即使应对公共危机的措施再尽善尽美，实则也难以挽回已经造成的损失和损害。城市是一个复杂的运行系统，树立全周期管理意识要求在城市的规划、建设和管理的各个环节做到前后衔接、联动推进，从而形成一个事前预防、事中应对、事后反思的管理闭环。在这样的一个闭环中，各环节紧密相连，但重要性却并非等同。城市治理应当有所侧重，要求在城市管理闭环的各个环节有的放矢地投入公共管理资源。全周期管理闭环的各个阶段与城市公共危机的演化进程存在着对应关系。在事前预防阶段，风险正处于酝酿之中，公共危机尚未触发，此时及时采取措施予以干预可以有效防范或化解风险。重视事前预防有利于将公共危机造成的危害和损失降至最低，甚至使公共危机消弭于无形之中，这无疑更加贴合现代化城市的治理需求和治理目标。因而，全周期管理强调对城市实现全流程管控的同时，也要注重差异化治理，在事前预防、事中应对、事后反思的管理闭环中，城市治理重心应当向事前预防阶段倾斜。

二、事前预防要求畅通信息的预警和发布

（一）公共危机信息预警流程

在城市公共危机治理中，信息预警发挥着重要的作用。一方面，信息预警是识别风险的重要手段，通过信息预警可以有效识别城市所面临的风险，进而化解风险，使危机消弭于无形。另一方面，信息预警

作为公共危机治理的重要环节，是公共危机决策的先决条件，为科学决策提供保障。信息预警离不开对信息的利用，可以说信息预警是以一系列的信息活动为基础的政府危机管理工作流程。公共危机信息预警的流程可以分为以下几个阶段：①信息收集；②信息分析；③危机预测；④预警发布。[①] 同时，公共危机的信息预警应是一系列源源不断的信息活动，动态、实时收集公共危机的相关信息。当决策者基于预警信息做出公共危机决策后，新一轮的信息收集又开始启动，从而实时反映公共危机的发展趋势以及治理成效。在公共危机信息预警的过程中，从信息收集、信息分析、危机预测、预警发布到开始新一轮的信息预警，形成了一个前后衔接、联动推进的信息管理闭环。在这样的一个管理闭环中，各个环节紧密相扣，任何一环出现问题，都会影响预警信息的准确性、科学性，从而间接影响公共危机治理之成效。公共危机信息预警流程具体如图1所示：

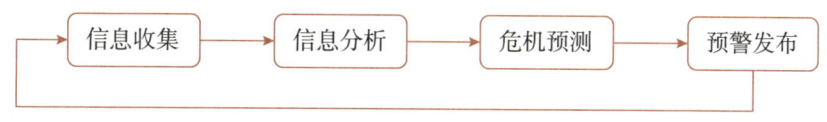

图 1　公共危机信息预警流程

从图1所示的公共危机信息预警的流程而言，信息预警在政府公共危机治理中的作用不仅在于识别风险、感知危机，从而为公共危机决策提供科学依据，还在于对公共危机决策的反馈作用，实时反映公共危机的变化情况，从而评估公共危机决策的有效性，以便于决策者对先前做出的危机决策予以调整和优化。

信息收集是公共危机信息预警的第一步。这一阶段的主要任务是：

---

① 张海涛、支凤稳、刘阔、翁毓琦：《政府公共危机信息预警流程与控制研究》，载《图书情报工作》2012年第17期。

①通过监测网络实时、全面监测引发公共危机的相关因素；②全面收集与公共危机相关的各种信息。[①] 在信息收集阶段，一是要根据公共危机事件的种类和特点，建立健全信息数据库，完善监测网络，划分监测区域，明确监测项目，并完善相关配套设施设备；二是要通过多种途径全面收集、汇总有关公共危机事件的信息。首先，除政府部门和专业机构掌握的信息外，也要重视社会组织、企业和社会公众所获悉的公共危机事件信息。其次，在信息收集阶段，要实现信息的互联互通，加强跨层级、跨部门、跨机构、跨地区的信息交流与情报合作。

信息分析是感知风险、识别风险的前提条件。这一阶段的主要任务是：对前一阶段收集的所有信息进行分类综合、深入分析处理，从而形成预测型、指数型或统计型的信息分析结果。在信息分析阶段，要充分运用信息技术等高科技手段，从而保障信息分析结果的科学性、准确性。

危机预测是公共危机信息预警的核心阶段。这一阶段的主要任务是：基于信息分析的结果，判断公共危机是否会发生及其发生时间、发展趋势、波及范围、损害后果等相关问题，并生成预警信息。危机预测的结果在很大程度上影响着后续的应对过程，因而，保证危机预测结果的准确性对于决策者精准施策、科学防控具有重要意义。在危机预测阶段，一是要构建专业技术人员、专家学者等专业人员参与信息预警的机制，必要时应组织专业技术人员、专家学者进行会商，对公共危机事件的可能性及其可能造成的影响进行评估。二是要根据公共危机事件发生的紧急程度、发展势态和可能造成的危害程度等因素确定预警级别。

---

① 晁亚男、毕强、辛立艳：《政府危机决策中信息预警机制研究》，载《情报理论与实践》2014 年第 6 期。

预警发布是信息预警和危机应对的连接点。这一阶段的主要任务是：①将危机预测的结果及时传递给政府应急部门，①以便于决策者迅速做出决策并采取应对措施；②向社会统一、准确、及时发布有关公共危机的预警信息，以便于社会公众提前做好准备。在预警发布阶段，一是发布的预警信息内容要全面，主要内容应包括预警类别、预警级别、起始时间、可能影响范围、警示事项、应采取的措施和发布单位、发布时间等。二是预警信息的发布要体现出针对性，即针对不同的群体生成他们可以理解的预警信息。② 三是通过多种途径和渠道向社会发布预警信息，包括通过手机、传真、邮件、网站、大喇叭、显示屏、广播、电视、微博、微信等渠道发布预警信息。四是重视预警信息发布的后续事项，预警发布工作机构应密切跟踪、及时调度预警信息接收情况，及时调整发布方式，以提高预警信息发布时效。

（二）公共危机信息预警的保障机制

1. 思想保障：增强风险和危机意识

新时代中国的发展面临着国际和国内双重风险的挑战和考验，这无疑对领导干部的综合素质和能力本领提出了更高的要求。党的十九大报告就明确提出坚决打好防范化解重大风险的攻坚战的目标。重大风险能否卓有成效地防范和化解取决于政治、经济、社会、文化、制度等多种因素的综合作用，但最重要也是首要的因素就是领导干部是否具备风险和危机意识。在重大风险防范和危机治理中，领导干部发

---

① 张海涛、支凤稳、刘阔、翁毓琦：《政府公共危机信息预警流程与控制研究》，载《图书情报工作》2012 年第 17 期。

② 晁亚男、毕强、辛立艳：《政府危机决策中信息预警机制研究》，载《情报理论与实践》2014 年第 6 期。

挥着中流砥柱之作用。提升风险和危机意识是防范重大风险的前提，是风险驾驭和危机应对的起点，同时也是公共危机信息预警机制有效运行的重要思想保障。

领导干部要做到增强风险和危机意识，在防范化解重大风险攻坚战中时刻保持警觉性和前瞻性，要从以下几个方面做起：首先，要正确看待风险和危机。《孙子兵法》有言"知己知彼，百战不殆"，唯有如此，才能打好防范化解重大风险这场攻坚战。正确认识风险和危机，一方面要将风险和危机知识的培训纳入领导干部的必修课程之中，另一方面领导干部要主动从过去的重大危机事件中总结经验教训，从实践层面加强对风险和危机的认识。其次，要树立"居安思危""防患于未然"的忧患意识。习近平总书记在讲话中曾指出"要善于运用底线思维的方法，凡事从坏处准备，努力争取最好的结果，做到有备无患、遇事不慌，牢牢把握主动权"。领导干部必须转变思想，时刻保持着对风险的警惕和警觉。最后，要将风险和危机意识内化于心，外化于行。[①] 风险和危机意识绝非说说而已，否则就是"纸上谈兵"，毫无实际意义。提升风险和危机意识不能仅仅停留于认知层面，领导干部必须将风险和危机意识落到实践层面。正所谓"纸上得来终觉浅，绝知此事要躬行""读万卷书，不如行万里路"，只有将风险和危机意识落实到防范化解风险和危机的实战演练中，风险和危机意识才能深深烙印在领导干部的思想之中。

2. 制度保障：完善信息沟通制度

公共危机信息预警机制的高效运转需要以完善的信息沟通制度作为保障。近年来，在中国应对风险和危机事件的实践中，存在内部信息沟通不畅、外部信息沟通不力等问题。这些问题影响着信息沟通的准

---

① 李春林、田瑞华、洪向华：《全面增强执政本领》，中共党史出版社2018年版。

确性与效率，进而会影响公共危机信息预警机制的有效运行。尽管《国家突发公共事件总体应急预案》《中华人民共和国突发事件应对法》《中华人民共和国政府信息公开条例》《国家突发事件预警信息发布系统运行管理办法（试行）》等法律法规对公共危机事件中的信息沟通予以规定，要求"信息系统实现互联互通""加强跨部门、跨地区的信息交流和情报合作""及时报送突发事件信息""统一、准确、及时发布有关突发事件事态发展和应急处置工作的信息"等，以确保信息的流通畅顺，但是这些规定都较为笼统，可操作性不强。面对信息沟通不畅的问题，除增强信息沟通的意识外，更重要的是进一步健全信息的沟通机制，从立法上构建更为完善、具体，更具操作性的制度。

3. 组织保障：构建专门的信息预警机构

目前，我国尚没有统一的、专业的公共危机信息预警机构。公共危机信息预警组织体系的成员分散于各政府部门或机构之间，彼此间缺乏足够的默契和配合，难以从全局上掌握公共危机的发展态势，这势必会影响公共危机信息预警之成效，不利于重大风险的防范化解。此外，虽然政府在公共危机的信息预警中发挥着中流砥柱的作用，能够有效地调动社会资源，但公共危机信息预警所涉及的专业领域并非行政工作可以完全替代的。因而，设立一个以政府为主导的、独立的、专业的公共危机信息预警机构是极其有必要的。一方面，"专业的事情交给专业的人来做"，建立专门的信息预警机构，借助于专业的技术和人才队伍，有利于保障公共危机信息预警机制的高效运行，最大化地发挥预警之效用。另一方面，建立专门的信息预警机构也能缓解政府各部门应对公共危机的综合压力，提高行政部门的办事效率。①

---

① 金丹：《我国公共危机预警机制研究》，南京师范大学，2011年硕士学位论文。

4. 技术保障：大数据技术为信息预警赋能

信息技术不仅渗透社会生活的方方面面，同时，也能为政府履行各种职能增势赋能，政府借助信息技术履行公共管理和公共服务职能已成为一种常态。在公共危机的信息预警中，信息技术同样发挥着重要的作用：一是信息采集量、存储体量更大。大数据环境下信息采集的范围和渠道都有所拓宽，同时信息的存储方式、存储介质等也发生相应变化。二是信息分析与危机预测更加科学。风险社会背景下城市面临的风险更加纷繁复杂，这对公共危机信息预警系统的信息分析能力提出了更高的要求。大数据时代各种信息分析工具的诞生与运用，如可视化分析、数据挖掘算法、预测性分析能力等，使得信息分析的水平大幅提升，分析结果更加准确，从而有利于形成科学的危机预测结果。三是信息传递与发布更加通畅。在大数据环境下，一方面，信息的传递渠道、发布手段更加丰富；另一方面，信息的传递速度更加高效。就内部信息沟通而言，大数据技术有利于实现信息的互联互通，减少"信息孤岛"现象，改善信息延时问题。就外部信息沟通而言，社会公众能够及时接收到预警信息，有利于保障公众的知情权。四是信息使用效率、价值更高。社会风险和公共危机瞬息万变，这要求公共危机信息预警系统要能够迅速做出反应。借助大数据技术可以实时追踪，使信息与时间保持同步，提高信息的使用效率，从而使得信息分析结果更加精准、更加符合实际情况。[①] 充分借助信息技术有利于提高信息预警的水平，由此可见，信息技术是公共危机信息预警系统得以有效运行的重要技术保障。

---

① 李艳萍：《基于大数据的公共信息预警机制探析》，载《图书馆学刊》2015年第2期。

第七章
现代化城市治理必须构建多元一体的全民参与治理模式

在社会高度发展的今天，城市治理作为社会治理的一个重要方面，其核心不再是只有政府或者相关部门唱"独角戏"，其基本运作逻辑是参与主体的多元化运作机制。当面对一些治理难题与瓶颈时，几乎没有哪个治理主体能偏安一隅。在城市治理中，只有实现对现有社会与公共资源的有效运作才能将这些问题解决在萌芽状态，如果将城市治理工作比作一场没有硝烟的战争，那么基层就是这场战争的"桥头堡"或者"前沿阵地"，所以将人力、物力、财力等社会公共资源向治理基层倾斜，有助于夯实基层治理的能力和韧性，以及建立有效的诉求主动回应机制。建构多元治理主体参与的现代化城市治理，特别是社区等基层治理主体已经成为城市治理的"桥头堡"、居民日常生活管理和服务的前沿阵地。目前，我国城市治理与社会治理中心逐渐下沉城乡社区，但社区管理还存在着社区管理和单位管理二元结构等问题。因此，树立城市治理全新观念与全周期管理意识，是城市治理中的核心要义。

第一节　现代化城市治理的现实困境

据第七次全国人口普查结果，中国城镇人口共 9 亿多人，占总人口的 63.89%，这说明中国的城镇化进程又迈上了新的高度。当前城镇化所显示的"中国速度"引发的影响是立体化的，影响着社会生活的方方面面，从当前的中国城镇化进程来看，城市成为各种资源的"富矿"，更是经济文化生活的中心地带，当前的城市治理工作与党和国家的相关政策与指导方针都是休戚相关的。与人民群众的根本利益紧密相关，并与国家治理体系与治理能力以及社会稳定与和谐紧密相连，城市治理作为社会治理这一系统工程的有机组成部分，其治理效果直接影响到社会治理层面以及城市居民的获得感与满意度，纵观中国改革开放 40 多年的发展历程，原先高度集中的单位制逐步解体或重塑，城市治理模式中治理主体呈现着多元化的趋势，由之前的政府大包大揽的政府主导型逐步向政府服务型与居民自治转型，在治理过程中，技术因素开始崭露头角，专家治理等新兴的治理方式与理念开始被引入，这一系列的转型也代表着我国城市治理的运作逻辑的改变与城市治理路径的新方向。

一、现代化城市治理困境的时代背景

当前，经过几代中国人的励精图治与艰苦卓绝的努力，社会面貌焕然一新。随着我国市场化进程加快，伴随着社会分工的日益精细化，分工合作趋势日益成为主流。城市的经济发展水平和影响力也日益提

升,经济社会与城市的发展都进入了新的时代与历史时期。在进入新时代的同时,传统的城市治理与模式方法难以适应当前的复杂形势。因为人口聚集以及经济社会活动向城市密集集中,在带来更多发展与机遇的同时也带来了极大的挑战。尤其在面对经济结构调整、社会利益主体多元化以及城市生态与环境规划等新的城市境遇时,依靠传统模式的治理手段应对已经无法适应社会的发展与现实情况。在经济飞速发展的今天,相关政策的调整与落地执行难免会带有滞后性。所以,面对日益复杂的社会背景,如何调和与平衡公权力与私权利以及不同利益主体及公民之间的利益关系将会影响我国经济与社会发展的走向,所以建立新时期的城市治理能力与治理体系也是势在必行。

二、现代化城市治理面临的突出问题

(一)现代化城市治理基层单元行政化困境

在我国的城市治理中,社区仍然是城市治理中的最前沿与基本治理单元,社区作为城市治理的基层治理单元,由于囿于根深蒂固的行政管理思维以及长期行政事务工作的惯性。[1] 现实中的城市治理依然出现公权力单位的权力过度膨胀,以及对于事务大包大揽,习惯采用一些行政方式对相关城市治理工作中涉及私权利主体的内容进行过度干预。与之对应,城市治理工作中的社会力量总体显得很单薄,在与行政力量的博弈中处于劣势地位,进而难以获取应有的治理主体地位以及相应的治理资源。在城市治理中政府作为大量社会资源与治理资源

---

[1] 韩志明:《从官僚知识到个人知识——国家治理转向的知识逻辑》,载《中国行政管理》2018年第6期。

的持有者，导致相关基层治理单元对行政机关的依附性较高，希望以此能够更多地得到相关治理资源以及政策的倾斜。① 以城市治理中的基层治理单元社区居委会为例，作为城市治理工作中的自治组织，社区居委会本身应成为实现群众自主管理或成为群众参与城市治理工作的一个载体，并建构契合本社区的民主秩序，最大限度为辖区居民参与城市便利提供相关政策咨询，凝聚辖区居民这一重要的城市治理力量。② 但在实际的治理工作实践中，往往沦为了一个"四不像"的组织，虽然没有行政法上的行政主体地位，也没有相关行政人员的编制，却承担了冗长的政府行政职能所转移的任务，陷入深度行政化和"内卷化"的困境，而且出现了角色错位，且负担了过多分外职能。城市治理工作本身就涉及社会生活的方方面面，包括去处理各方的利益平衡，社区居委会既要扮演好相关政策落地的执行者，又要做好基层社区的管理服务工作，其难度不言而喻。如果诸如此类的城市治理主体仍然深陷行政化的困局，那么城市治理的基层治理工作势必会受到影响，进而影响城市治理工作的整体格局。③

（二）现代化城市治理基层运作模式碎片化

随着社会发展的日新月异，经济发展与社会分工都迈上了新的发展高度。城市治理也遇到了一系列的新兴与复杂问题。城市治理所面向的对象更加综合化与专业化，城市治理的专业性也日益增强，所以单一部

---

① 韩志明：《寻找个人知识：现代国家治理的知识逻辑》，载《南京社会科学》2019年第3期。
② 贺东航、孔繁斌：《公共政策执行的中国经验》，载《中国社会科学》2011年第5期。
③ 吕方、梅琳：《"复杂政策"与国家治理——基于国家连片开发扶贫项目的讨论》，载《社会学研究》2017年第3期。

门很难处理好繁杂的城市治理的任务，需要各部门通力合作。① 但是有些地方由于行政部门冗长的运作体系，且部门之间缺乏默契，使得各行政部门之间出现"碎片化"问题。城市治理中，当政府等行政主体想达成治理目标时，往往由于现有治理资源未能最大化利用，导致了资源浪费以及未达预期治理效果的问题。② 因此，在今后的城市治理中，我们需要建立一个"四维空间"，在紧扣当前机构改革的时代背景下，机构的优化、信息资源的优化、业务优化、服务交流渠道优化等方面来建构的"整体型政府"，是破解当前城市治理中碎片化的不二法门，这要求在今后的城市治理中要更加注意治理工作的综合性与整体性特征。

（三）现代化城市治理中人民群众参与乏力

城市治理并不是只有政府自己的舞台，城市治理作为一个有机的系统工程，需要多方参与，以期形成一种合力或达到所谓的化学反应，所以城市治理呈现出的应该是多方参与，共同治理的格局。在这一要求下，少不了城市甚至是社区中各级行动者的积极参与、广大居民就成为其中的关键治理主体。但是，长期以来各地居委会由于自身的定位问题，处于一个边缘化自治力弱化的尴尬处境，再加之相对部分的居民"主人翁"意识不强，对于参与社区治理或是城市治理意愿较弱，多种因素的综合导致了广大人民群众这一重要治理主体的缺位，正是由于这种治理主体的缺席与断裂，导致广大群众的参与度低这一短板，直接或间接造成了政府等行政主体很难了解到群众的突出问题与迫切的需求，所以在城市治理工作中存在许多的盲区，如果不能瞄准这些

---

① 唐兴盛：《政府"碎片化"：问题、根源与治理路径》，载《北京行政学院学报》2014年第5期。

② 渠敬东：《项目制：一种新的国家治理体制》，载《中国社会科学》2012年第5期。

突出问题，精准的服务也就自然难以提供。① 在这种背景下，基层治理的效果自然难以实现。正是由于当前城市治理中的"独角戏"模式，间接或直接导致了公共资源的浪费，不但费时费力，最终还未达到预期的治理效果。此外，居民等关键行动者的参与缺失，使得基层社区治理变成了政府的"独角戏"，即使达成同样的治理目标，却需要更多的资源投入，纵观结果，反而事倍功半。② 但是广大群众一直处于被动的被管理地位，城市治理匮乏内生动力，那么城市治理的可持续性发展将会是一个难题。城市治理的困境局面不是一个因素的单独作用，所以要想缓解这一困境应系统全局地考虑问题，不能只是"头痛医头，脚痛医脚"。这种困境很难依靠当前城市治理中单一治理主体来进行突破，需要借助外部力量来推动城市治理的整体创新进程。

三、破解现代化城市治理困境的主要治理路径

（一）理论层面

通过专家治理等先进理念吸引专家进入城市治理实践工作，使得专家相关的专业知识能够融入城市治理过程，通过专家深入实践工作后得出相关经验，在拥有相关实践经验与数据的基础上制定相关制度与运作的规范准则。这充分说明现代化城市治理工作也是依靠相关先进的制度理念的，而不是简单依靠"人海战术"以及相关治理资源的机械相加与堆砌。

---

① 谭海波、蔡立辉：《论"碎片化"政府管理模式及其改革路径——"整体型政府"的分析视角》，载《社会科学》2010 年第 8 期。

② 刘建军、马彦银：《层级自治：行动者的缺席与回归——多中心治理视野下的城市基层治理研究》，载《杭州师范大学学报（社会科学版）》2015 年第 1 期。

（二）技术层面

当前的城市治理也应迈向精细化治理时代，需要新的技术手段融入城市治理的过程中，例如利用新媒体技术、互联网技术、大数据技术等，通过技术治理手段的嵌入改变城市治理的大格局以及治理的效果。城市治理工作具有鲜明的时代性特征，所以相关的治理技术与手段也应与时代接轨，落后的治理技术手段很难完美嵌入现代化城市治理之中。

（三）实践层面

当前的城市治理工作需要聚合多主体共同参与，单一的治理主体很难应对当前日益复杂的形势，需要构建多元一体的城市治理模式，形成以党为绝对领导核心，社区、群众、其他社会组织构成的多元化的治理体系。现代化城市治理工作要想取得成功，必须以党的领导为前提与首要准则。只有在党的领导下形成多元一体的治理模式才能取得相关治理工作的成功。

第二节　发挥专家在城市治理中的作用

一、专家嵌入城市治理的建构路径

（一）建立专家库及相应遴选制度

在当前治理能力和治理体系现代化的大背景下，我国的城市治理工作也迈上了新的高度。党的十九大提出，当前的社会矛盾是人民日益增长的美好生活需要和不平衡不充分的发展之间的矛盾，所以为了满足人民美好生活的需要，发展城市建设，加快城市治理也是题中应有之义。城市治理作为一项系统工程，绝不是一朝一夕就能完成的，面对这一困境，专家学者这一重要治理主体开始受到重视。中国的知识分子一直有"以天下为己任"的使命担当，成为城市治理中的专业力量，也秉承与发扬了中国知识分子"入世"的精神传统，以自己的知识财富与精神财富积极推动城市治理的现代化进程，所以建立城市治理专家库及相应的遴选制度就势在必行。各地区的政府机构应结合本地的地方性特征，以专业素质与道德品质为选拔标准，并依据学科与领域组建专家库。专家在具备较高的专业素养的同时也应该具备相应的实践经验与社会工作阅历，熟知相关的政策法规。为了确保专家工作遴选的公平性与独立性，应由县级以上政府统一建立。专家库也不是一成不变的，也将进行动态调整，秉持宁缺毋滥的原则，贯彻与落实专家退出机制。

（二）依托高校资源建立专家治理工作场域

我们国家拥有诸多海内外知名高校，如果能将高校中专家学者这一重要资源"物尽其用"，必然会创造出新的"治理红利"。因为这种"专家治理"的嵌入式治理模式的基本运作逻辑在于"理论与实践相结合"，使得城市成为高校学者专家的实践工作场所。依托行政主体在城市治理工作中的支持以及提供的基础条件，并由专家提供理论依据的城市治理创新模式。其运作逻辑在于参与治理工作的专家基于其专业知识与社会声望，提供一套详尽的治理方案以及相关智力支撑，以期提高群众参与的积极性，产生良好的互动，并能够提供"靶向性"服务，以满足人民群众的需求。最终形成一套紧扣时代主题、有良好社会效果，并能为其他行政区域提供借鉴与示范意义的创新治理模式。专家将"象牙塔"里的学术理论转化成生动翔实的治理案例，对于参与城市治理的专家学者来说可谓一举多得，既可以通过类似于"田野调查"的方法获取最为翔实的资料，又可以依靠当地政府提供的基础条件并获得相应的科研经费支持，通过这种全新的治理方式，①可以实现三个层面的突破：其一，通过将高校学者研究方向中的知识与城市治理的地方性特征相契合，做到因地制宜。同时满足群众的需求为工作的基本思路，将专家治理这一重要工具合理嵌入城市治理工作，对当前的城市治理格局进行一定的理论重塑。其二，使公共资源与城市治理资源向治理一线倾斜，构建纵横向部门之间的协同整合机制，并加强跨行政部门之间的协作，其三，通过城市治理的实践，对群众的需求与实际困难进行精准识别，通过精准识别后，有针对性地对城市治理中群众的突出困难进行"靶向治疗"，政府等行政主体通过相关渠道与广大群众产生良性互动，并激励与动员更多的群众参与城市治理。通过专家治理模式的合理嵌入，使得城市治理不但可以获得理论创新，也可以使得新理论作用于城市治理，理论与实践对于城市治理如车之两轮，鸟之双翼，缺一不可。

（三）建立专家责任奖惩制度

专家虽然不具有行政机关的工作人员编制，但是其行为会对城市治理工作产生深层次的影响。建立奖惩机制不但能够规制其行为促使专家认真履职，也能激励专家以更饱满的热情投入城市治理工作之中。建立专家责任追究与奖惩制度是确保专家客观、公正参与的重要保障。如果缺失相应奖惩机制，专家在相关工作中会产生一系列的消极影响，

---

① 沈筱芳：《党的领导与基层社会治理研究》，中共中央党校，2017年博士学位论文。

例如，决策的随意性、工作的消极性。因为在专家治理的相关制度框架之内，专家由于其独立性特点较强，相关治理或决策后果很难对自身产生实质性影响。如果不加以规制，相关缺陷必然会对城市治理工作产生一系列副作用，甚至滋生寻租等一系列道德法律风险。所以，为了确保专家学者能够更加客观、中立参与相关工作，顺利实现相关功能与影响，应当建立相关奖惩制度。对于在相关工作中具有明显错误或缺乏契约精神的专家追究其相应的责任，对于认真履行职责的专家予以奖励与表彰。专家的相关责任主要体现为相关的院校或科研机构依据相关规定对其进行职称、课题项目、科研经费方面的惩罚性责任。专家的奖励除了在物质方面的褒奖以外，还应对其职称以及科研相关方面予以政策倾斜。专家奖惩机制的实现除了上述相关措施之外，还应不断提高专家学者的思想认识，增强其相关社会意识与责任感。在提供丰厚物质激励的同时，也从精神方面为专家学者进行相关荣誉激励，从而达成对专家正向的激励。

二、专家治理的意义

（一）促进城市治理决策正当化

正当化是行政法中的基本原则之一，也是城市治理进程中的一个重要因素，专家参与城市治理工作的基本运作逻辑与工作出发点就是基于专业化知识，通过技术因素进行城市治理工作。在当前的专家治理模式中，如果城市治理的愿景能够以专业知识为路径得以实现的话，那么这种城市治理模式就是一种知识导向型的治理模式，通过专家的专业知识赋予城市治理中运作的正当性基础。在城市治理的当前阶段，专业知识和技术治理逐渐成为治理方案的出发点，所以，当前社会中的各种决策主体开始日益倾向于诉诸专业知识、技术理性来制定策略。[1]十届全国人大二次会议《政府工作报告》指出:"要进一步完善公众参与、专家论证和政府决策相结合的决策机制,保证决策的科学性和正确性。"在实践中突出表现为城市治理领域中对于专家学者所提供专业知识与理论依据的采纳与信任。[2]由此直接使得治理的政策获得正当性依据。在相关政策的落地运行前,专家还将与行政管理人员一起对城市治理的技术性问题进行探究。在城市治理的进程中嵌入专家治理这一重要模式,可以将专家学者宝贵而无形的知识财富以及科学方法引入治理的实践过程中,实现专家的科学理性与决策者的技术理性有机结合,为城市治理决策的正当性提供合理论据,从而达到科学理性决策的效果,这也符合行政法中的正当性与合理性原则,并通过专家学者这一智库为长期的城市治理工作提供有力的知识支撑,尤其是在当前城市治理工作中,专家治理的成功嵌入必将为城市治理的决策正当化提供更大支撑。

(二)增强城市治理风险防御功能

城市治理的决策活动是一个主客观相结合的有机整体,在相关治理政策的制定研判过程中,因为相关机制的缺席与断裂,相关信息不对称,以及相关治理决策人员受制于其自身认知水平、能力,甚至乡土观念等主观因素,从而使相关决策面临一定程度的风险。[3]长此以往,城市治理工作的效果必将大打折扣。城市治理模式下的治理决策过程

---

[1] Berle, *The Expansiong of American Administrative Law*, HarvardLaw Review, Vol.30 (1917).
[2] [美]斯图尔特:《美国行政法的重构》,沈岿译,商务印书馆2002年版。
[3] 王锡锌:《公众参与、专业知识与政府绩效评估的模式——探寻政府绩效评估模式的一个分析框架》,载《法制与社会发展》2008年第6期。

也是一个多方利益协调的过程,要想限缩相关制度的漏洞,并最大限度减少决策风险,增强治理效果有效性的最重要途径就是加强与群众的沟通,使城市治理场域中的群众或其代表能够参与相关政策的论证。专家治理模式中的专家参与正是有效规避风险的治理手段之一。专家治理模式中专家作为治理主体深入治理的最前沿,用最先进的知识理论与学术思想指导城市治理的实践运作,在整个实践运作过程中,专家需要从自身专业角度提供相关专业咨询,从另一角度来说,专家的本质也具有社会属性,也是社会公民,专家也会基于其作为社会公民这一重要身份,也必然会流露出作为治理过程中一个治理主体对相关治理理念及公共决策的期待。综上所述,城市治理中的相关决策应是作为治理主体的行政机关、专家学者以及其他处于中立地位的理性参与者依据相关专业理论,并结合治理场域的实际情况论证形成,将治理主体的相关政策理念以及专家学者的专业知识、人民群众的实际需要、地方性知识有机统一。[①] 这种依靠专家深度参与的行政决策一定程度上体现了民主正当性原则,并增强了群众对于社会治理相关政策的认同感,使城市治理这一民生工程更加有温度,将政策制定或落地运行中的风险最小化,城市治理实践过程中也尽可能将潜在问题化解在萌芽状态,以期达到规避与控制风险的目的。

(三)平衡城市治理相关利益

利益与价值的多样化是城市治理工作中面临的一个基本现实问题,城市治理的相关政策也在整个的治理过程中平衡各种利益、调和与配平各种价值冲突。城市治理的效果与相关政策的生命力都取决于群众

---

① 刘燕:《"专家责任"若干基本概念质疑》,载《比较法研究》2005年第5期。

的认可与参与度，与相关政策制定中是否存在高效畅通的机制息息相关。在城市治理的理论层面与制度的设计中的专家参与在一定的意义上可以发挥一种沟通与交流的作用。专家虽然在城市治理过程中具有科学理性代表的身份，但归根结底，专家的本质还是人民群众，本质属性仍是社会公民，专家也是社会公众的一员，一定程度上也代表着民意。在城市治理制度设计中，专家可以以普通公民的身份为出发点，对于相关领域专业知识以外的问题根据专家的价值取向或认知理解发表意见，专家在运用学术知识进行论证的同时，也会自然地将社会理性与以人为本的精神嵌入相关工作之中，因为城市治理中涉及各阶层或群体的利益博弈，作为普通社会成员，专家参与城市治理相关政策与制度设计也表达了公众的夙愿与群众的呼声。这样就畅通了城市治理中各治理主体之间的交流渠道，从而使得城市治理的格局中，个人利益、集体利益在城市治理的过程中不再受到其他权力的侵蚀，并平衡城市治理中各主体之间的权益与利益。

第三节　加强媒体在城市治理中的监督作用

一、媒体监督的基本内涵

媒体监督作为监督的一种手段，其主要依靠报纸、电视、网络等传播媒介实现对监督对象的监督，其主要特点为传播速度快，影响范围广，社会舆论影响力强等。[①] 媒体监督具有公开性、及时性、广泛性

---

① 李志、兰庆庆：《公民网络政策参与的制度化沟通及其实现路径——基于2015年网络六大舆情的分析》，载《中国行政管理》2016年第6期。

和公正性等特点，是一种重要的监督途径。当前，媒体监督在我国政府监督机制和体系中的地位正逐步上升，一些重要的舆论工具如微博、微信、网站等，在城市治理以及弘扬社会公平正义方面发挥了重要作用。

二、媒体监督嵌入城市治理工作的路径

媒体在城市治理中的监督效用应着重发挥公民、媒体、政府的合力作用。在聆听公民意见协商解决相关公共事务的同时，政府要加大对媒体的支持力度，引导媒体健康发展，构建更为健全的媒体监督机制。规范媒体运行，制定引导相关媒体发展以推动公民参与社会治理的对策。

（一）完善城市治理媒体监督的法律法规

对城市治理工作的媒体监督需要有相应的法律支撑与保障，没有规矩不成方圆。如果没有相应的法律支撑，媒体很难起到监督作用，因为其本身并非国家行政机关。相反在缺乏相关法律保障的背景下，媒体也会受到其他力量的干预与控制，进而使得国家利益、社会利益受到损害。长此以往，也不利于媒体的自身建设。关于我国媒体监督的法律法规应该尽快完善，并尝试制定适宜我国媒体监督发展的专门化法律法规，厘清行政权力与媒体之间的关系，促使媒体能够在更为理想的环境中实现其对城市治理工作的监督作用。

（二）健全城市治理媒体监督机制

要想确保媒体监督的效果，畅通的交流传达渠道是必不可少的。当

前媒体监督的手段虽然多种多样，但是要想保证其监督效果，就必须使这些媒体舆论的交流传达渠道能正常发挥传递信息、汇集信息、反馈信息的功能。构建较为完备的信息反馈机制。在监督的同时更应注意社会的实际影响效果，不能只是形式上的监督，还应该产生相应的实质性的社会效果。对于经过媒体监督而暴露的不合法行为，在接受公众与社会舆论批评的同时，相关职能部门对于被"曝光"的行为应该依据相关程序与法律法规进行惩处，在作出相应处理之后，还应尽快将真实的处理结果向社会公布，使相关监督工作反馈的信息能够得到回应，做到善始善终，而不是让反馈的信息石沉大海，最后使得媒体监督徒有虚名。所以要想将媒体监督的效果发挥到最为理想的状态，光有相关制度机制是远远不够的，还需要构建一个整体的治理结构。

（三）加强城市治理政务媒体建设

媒体监督嵌入城市治理工作后，媒体的公共空间成为各治理主体交流、沟通的重要场域，对其合理建设将有效提高城市治理的效率。面对媒体空间呈现出的广泛性、匿名性等特点，各级政府部门也不能忽视政务媒体的建设，对相关城市治理中的政务信息及时进行公开，并为公民开辟解决问题的专门渠道。同时，为使政务媒体能够有效运行，也应配套相关监督机制。基于不同地区的区位因素，各个地区应该"深耕"地方性知识，拓展一些与群众生活息息相关的媒体板块。更加方便倾听公民的心声，使得政府等公权力机关与群众同呼吸共命运，形成社会治理共同体，对群众的情绪进行有序的引导与疏导。除此之外，新媒体也是不可忽视的重要力量。因为新媒体有着无可比拟的便捷性，尝试建立城市治理问题专用的微博或者微信公众号等会给媒体治理注入更多新鲜的血液与力量。所以当前的媒体监督并不是单一媒体的监督，而是全媒体发展。通过利用媒体搭建的公共沟通空间，能够更好地促进各治理主体有效的沟通与交流互动，使得媒体监督与其他治理方式促进城市治理工作更好地发展。

三、媒体监督嵌入城市治理的作用与意义

（一）媒体参与治理是民主监督的重要形式

在现代法治国家，对于权力监督的内容一般都会通过制定相应的制度作出详尽规定。媒体凭借信息传播的便捷性，有利于形成舆论监督，使得群众可以依靠媒体这一渠道对城市治理中的不规范现象予以监督。通过这种媒体监督的形式，可以规范相关治理主体权力的行使，也能建构一道防火墙，有效规避相关治理主体的法律与道德风险。

媒体监督可以通过以下形式作用于社会治理中，并且能够及时对发生的情况运用文字、图像、视频进行报道甚至进行投诉建议，使得权力始终在阳光下运行，避免"暗箱"与"潜规则"。通过媒体监督，使一些潜在的不合法合规行为被消灭在萌芽状态。媒体监督也利用互联网技术这一重要工具，扩大了监督对象的纵深，并利用其自身天然的亲和力，拉近了群众与媒体监督的距离。在媒体监督面前，参与城市治理工作的任何主体都可以成为监督的对象，媒体监督通过传播媒介构建了全天候、全方位的多维监督。在媒体监督的场域下，群众可以利用网络或相关的程序随时随地对城市治理的不规范现象进行举报，相关数据显示，很多举报线索并不是完全源自行政机关内部的监督部门，有很多也来自媒体监督，这种无形的"哨兵"，无疑给予了城市治理主体极强的威慑作用，媒体监督使得城市治理工作从程序层面的政

策制度制定以及实体方面的治理行为都置于媒体的监督以及社会的审视之下,使得治理主体及其行政人员更加审慎地行使自己的权力,也对自己更加严格要求。

(二)媒体参与城市治理对法治文化的积极形塑

通过媒体监督,群众能进一步行使自己的监督权,群众作为主人翁行使权利的同时也培养了社会责任感与荣誉感。不但培育了公众的法治理性,也能够让群众对行政事务有更直观深刻的了解,加深群众对于政府相关行政行为的认同与理解。同样,群众能够通过"发声"运用媒体这一直接媒介参与城市治理工作,能使公众获得相应的社会归属感,并增强主人翁意识。自己的相关批评与建议能够通过媒体等传播媒介被政府悉知并在调研论证后予以采纳,同时还能拓宽视野,也在行使相关权力的同时,学会聆听他人的意见,这对于培育公众的民主和法治意识,具有十分重要的作用。

通过媒体参与治理或将媒体监督嵌入城市治理中,能够提升群众的法治理念与规则意识。媒体及其传播媒介给群众带来的参与度与认同感是前所未有的,其在为群众拓宽通畅监督渠道的同时,更催化了群众参与城市治理等公共事务的情绪,使得群众接触或了解公共事务的范围得到有效的延展。使群众在良好的氛围中培养了参政与法律意识。媒体监督实践运作场域中,通过相关信息的传播与融汇,吸引并引发群众的参与热情。让群众在参与城市治理的过程中,意识到自身的价值,并引导更多的公民参与到城市治理之中。在城市治理行使监督权的过程中能够感知到这种话语权背后所闪烁着的法理与法治精神。通过与其他城市居民以及通过相关媒体或者传播媒介与城市治理中的公权力主体进行磋商与博弈,感受到媒体监督对于维护自身合法利益的积极作用。

公众积极地常态化地参与活动与服务型政府的不断健全相结合,通过媒体监督介入社会治理,媒体成为一种抒发个人意见甚至情绪的渠道,对社会潜在的矛盾与不良的情绪起到了及时疏导作用,规避一些潜在的社会矛盾。① 对于群众而言,合法有序参与城市治理工作并审慎行使监督权,可以规避监督行政权力扩张对社会公共利益的侵害。对于政府而言,在城市治理中恪守红线底线原则,对于自身行政行为严格要求,强化法治思维与法律意识。② 公众自媒体的有效参与和政府依法行政相结合,推动全社会弘扬社会主义法治精神,更有利于培养符合我国国情与社会发展的守法、知法的法治文化。

第四节 构建共建共治共享多元一体的城市治理模式

现代化城市治理必须构建共建共治共享的多元一体治理模式,这种城市治理的全新模式有助于有效应对当前中国城镇化进程中的某些速度过快和相关"城市病"的问题。群众与社会其他力量的"主人翁"意识也在增强,也更渴望参与和生活息息相关的城市治理,结合当前我国社会的经济发展水平及社会现实情况,中国当前的城市模式需要进一步转型,以期与社会发展情况更好地契合。

---

① 谢宜甜:《电子政务语境下政府善治中的公民参与》,载《理论观察》2010 年第 5 期。
② [美]米切尔·古尔维奇:《大众媒介与社会》,杨击译,华夏出版社 2006 年版。

一、共建共治共享多元一体的城市治理模式

在当前的城市治理中，居民主要通过一些开放的途径参与到城市治理工作中，随着我国经济社会的发展，大量社会组织的兴起以及志愿者活动得到认可与支持。一系列举措使得城市治理中群众的参与空间与维度得到有效延展，参与的内容形式更加多元化，更加具有时代气息。从居民的整体参与格局上看，大体可以将参与形式划分为"内参与""外参与"和"互联网+"等模式。

（一）内参与模式

"内参与"主要是指居民在自己的居住范围内，例如社区、居民区参加相关社区活动并通过参与此类活动直接或间接参与城市治理工作。通过一系列的措施，使得城市治理中各方力量得到资源的优化整合作用，使得沟通渠道更加顺畅。通过内参与的形式激发群众参与城市治理的活力，并通过有效的信息交互，能够得知居民的有效需求，通过组织有效的活动，增强群众与公权力治理主体以及社会组织之间的耦合性，形成一个社会治理共同体，并增强各城市治理主体对于治理体系与治理能力的重视程度，构建具有相同意识基础的城市治理认同感。通过内源性的发散思维与延展路径构建相关城市治理的网络化体系建设。

（二）外参与模式

"外参与"主要是指居民参与社会管理、政府决策、社会活动。作为新兴的一种社会力量参与城市治理工作。群众"外参与"的力量无

非来自两个源头,其一是公权力主体对于群众参与治理工作的态度及认可度,其二是通过一系列互动活动以及沟通使媒介及时掌握与悉知在全民参与的工作场域内的绩效以及社会影响及满意度。通过相关工作的满意度测评对城市治理工作进行及时的动态调整,力争在多领域、多层级给予群众更多的参与途径与入口。

(三)互联网+模式

另外,互联网技术与社交媒体的兴起,也为群众参与相关活动另辟蹊径,对相关的治理体系与治理能力的建构与提升提供巨大帮助,对社会关系网络的构建和积累起到积极作用。这些全民参与的新路径都极大丰富了群众参与城市治理工作的渠道。就目前覆盖面来看,主要涉及意见建议层面以及信息交流渠道。首先,应通过一系列的选举以及通俗易懂的形式将城市治理的相关内涵宣传给群众,并让群众能够切身感受到其中对于自己的益处,以相同的价值观念与利益取向为基础,使得群众这一主要城市治理主体能够紧密相连。群众在参与形式丰富的活动中,使自己能够更加直观地接触现代城市治理中的一些理念,并在相关理念基础的指导下,通过形式多样的参与途径如参加研讨会,或者通过媒体途径对于相关行为进行批评监督。这不但极大丰富了监督的途径,也给予了居民相关权力的实现载体。这样的制度设计与当前群众参与城市治理工作的需求相契合,又为群众创设了氛围浓厚的城市治理工作认同感,使群众在这一宏伟工程中找到了属于自己的归属感,最终形成城市治理运作网络。[①] 同时,群众可以借助相应

---

① 刘红岩:《国内外社会参与程度与参与形式研究述评》,载《中国行政管理》2012年第7期。

参与制度提出相关治理工作的情感、想法并与其他居民及治理主体产生良性互动，这对于构建稳定有序的治理体系有着基础性作用。其次，居民参与城市治理中的信息交互，实现治理工作公开、信息发布、交流沟通，都是方便群众参与治理工作的不二法门。同时，城市治理中的基层治理主体，可以借助互联网等新兴技术，利用网络这个虚拟世界拉近群众间的关系，并打破时间空间的限制，及时了解新形势的变化，并对下一步工作进行动态调整，快速实现跨群体、跨职业交流互动。综上所述，通过不同位阶的治理主体以更加"接地气"的方式，力争最大限度与群众消除隔阂，并吸引更多的群众投身于城市治理，形成规模效应，有效带动全民齐心协力参与到城市治理工作中，使得城市治理能力与治理体系得到行之有效的保障。

二、城市治理中构建共建共治共享多元一体治理模式的建构路径

构建共建共治共享多元一体的全民参与的治理模式是城市治理中重要的建构路径，城乡基层治理的核心是建立多元主体参与、运行有效的治理体系。

（一）将人力、物力、财力向基层倾斜，夯实基层抗灾抗疫的能力和韧性

在科学技术高度发展的今天，国家应急管理部门组建了诸多专业防疫救灾队伍，相关专业化设备以及专项资金难免向专业化部门及更高一级的组织倾斜，所以基层容易受到忽视，有时难以得到相关资源的倾斜，甚至出现了"灯下黑"的情况。但是基层由于其特殊的空间

位置以及较强的社会属性，往往成为抗灾防疫的主战场，如果加以整合优化，也可以成为相关重大公共事件的"分流器"。有效减轻相关压力，使相关问题可以解决在萌芽状态，或使其得到有效控制。通过治理资源的倾斜以及重新配平，可以使原本作为城市应对突发性公共事件力量最单薄的基层摇身一变成为强大的梳理调节器。在当前的社会治理体系与社会治理能力之下，要认识到治理体系是一个有机的组合体，需要各个层级、多个领域的通力合作，取得这样一场没有硝烟的战争的胜利绝不是靠某个单一主体，特别是一定要认识到基层治理场域的重要性，切忌在相关工作中忽视基层，因为基层治理场域也是整个城市治理工作的根基，一定要抓住重点，而不能搞一些华而不实的"花拳绣腿"，最终本末倒置。

（二）建立有效的诉求主动回应机制，构建以街道为首，社区和小区联动机制和应急管理体制

社区深处基层，具有其他行政机关无法比拟的亲和力，建立有效的诉求主动回应机制，将问题解决在社区，不但可以及时解决问题或使得事态得到控制避免进一步扩大，节约后期的治理成本与解决问题的资源。可以说社区作为城市中的最基本的单元组织，虽然单个规模并不起眼，但是由于数量巨大，而且社区生活也与城市居民的生活息息相关，涵盖了社会生活的方方面面，社区已经成为城乡全周期管理的"桥头堡"。社区作为居民日常生活管理和服务的前沿阵地，而小区、物业、业主委员会又是每个社区的有机组成部分，如果使这种治理链条上的每一个主体都能发挥自己最大的能量，那么基层这一重要的工作场域将迸发出无穷的力量。加强社区全周期管理势在必行，因为社区是城乡治理体系中最重要的一环。目前随着治理理念与手段的更新，

我国的社会治理重心逐渐下沉到城乡社区，但是由于社区管理的重要性被一定程度忽视，导致一些地区的社区管理还存在着社区与单位的二元管理结构，社区的管理并没有对居民实现全覆盖。如果社区这一主要力量缺失，建立这种基层的应急管理联动机制很可能将会流于形式，因为社区不但是这一联动机制中的重要组成部分，更是这一联动机制的重要力量来源。缺乏根基与力量来源的制度构建也必然缺乏治理能力与结构的稳定性。充分调动每个社会细胞的积极性，将矛盾纠纷化解在基层，将和谐稳定创建在基层。因此，树立社区全周期管理意识，加强社区全周期管理体制机制是加强城乡治理体系的重中之重。

（三）在社区和小区建立户长制或者楼长制以及长效的志愿者制度，利用信息技术建立切合实际的应急管理体制

每个社区都拥有若干个小区，小区中的居民就宛如一个个造血的"干细胞"。虽然他们平时看似拥有不同的社会属性，并不起眼。但是如果能够建立户长制、楼长制及长效的志愿者制度，就能最大限度地将这些"干细胞"捏合起来，使其源源不断为整个治理工作"造血"，实现城市管理中全方位无死角的事前、事中、事后的全周期闭环管理，并且借助相关职能部门的专业化设备对相关数据进行技术分析，从专业角度进行研判，对可能发生的相关问题及次生灾害进行及时的侦测与提前预防，通过大数据、"互联网+"等信息技术建立事前制订预案。多元主体参与，要充分发挥社区的堡垒作用，尤其发挥志愿者制度的优越性。首先，志愿者都是来自本社区，相关治理工作的场域也在社区，这些治理的红利可以说与其生活息息相关，所以能在一定程度上激发其积极性。其次，因为基层治理场域受制于行政资源及编制管理体制的有限性，行政机关的工作人员很难做到事无巨细，所以在公共事件

发生后，社区及志愿者可以依靠其"地方性知识"在第一时间开始自救，并稳定事态发展，等待专业职能部门的支援。事后建立监督执纪问责治理机制，明确责任及负责机制，树立相关人员的责任感、使命感，调动社会各领域的积极性参与城市治理，提升城市的应急能力和治理效能，更好地补齐城市治理体系的短板和弱项。

（四）发挥基层党建引领作用，构建共建共治共享的协同管理机制

在当前的城乡基层治理中，最重要的已经不是一味投入大量的资金，而是使这些资金能够像"滴灌技术"一样被精细化管理，减少不必要的中间环节，将治理资源精准地输送到一线，而不是像之前粗放的"大水漫灌"管理模式，不但浪费资源还"雨过地皮湿"。在当前必须树立夯实社区和乡村治理的意识，从而打通基层治理的最后一公里，更好地发挥基层党建引领作用，让党旗飘扬在治理工作的最前沿，成为引领城乡基层治理的旗帜。在坚持党的领导下，统筹好政府、市场和社会等多元力量主体，更不能忽视广大群众这一治理力量与治理智慧的源泉。只有让群众参与到城乡基层治理工作中去，只有刺破相关治理工作的"神秘面纱"，才能使群众真正切实感受相关治理工作的意义及给自身带来的好处，而不是将其束之高阁。通过激发与调动每一个"城市细胞"的积极性，真正形成基层社会治理共同体，与社会同呼吸共命运，形成共建共治共享的协同管理机制。一个国家治理体系和治理能力的现代化水平很大程度上体现在基层。基础不牢，地动山摇。要不断夯实与巩固基层社会治理这个根基与主阵地。提高社区治理效能，关键是加强党的领导。要推动党组织向基层延伸，把基层的工作做好，这样才能"任凭风浪起，稳坐钓鱼台"。在全球化时代的世界潮流之下，各国经济、文化联系更加紧密，人员的跨区域流动更加频繁，

没有哪一个国家能够置身事外，人类将不断面临各种传统安全和非传统安全问题的考验，这种问题的考验往往更带有一定的随机性与突然性，传统的治理手段和制度也可能将面临调节失准的困局。所以完善共建共治共享的社会治理制度，实现政府治理同社会调节、居民自治良性互动，树立"全国一盘棋"的大局观。如何建设人人有责、人人尽责、人人享有的社会治理共同体是当代整个世界都面临的新的问题与挑战，加强和创新基层社会治理就是破解这个时代难题的不二法门。

第八章
数字经济条件下智慧化城市治理体制机制

第一节　数字经济条件下现代化城市的数字治理

一、现代化城市治理概述

（一）数字经济的概念及现状

"数字经济"是以使用数字化的知识和信息作为关键生产要素、以现代信息网络作为重要载体、以信息通信技术的有效使用作为效率提升和经济结构优化的重要推动力的一系列经济活动。[①]

中国通信院发布的《中国数字经济发展白皮书（2020年）》显示，我国数字经济持续快速增长，2019年数字经济规模达到35.8万亿元，占GDP比重为36.2%。数字产业化规模达到7.1万亿元。产业数字化规模超过28.8万亿元。数字经济的崛起不仅改变了中国的就业形势，

[①] 丁晓钦、柴巧燕：《数字资本主义的兴起及其引发的社会变革——兼论社会主义中国如何发展数字经济》，载《毛泽东邓小平理论研究》2020年第6期。

而且推动着现代化城市治理实践不断地适应与完善。

（二）数字治理的概念及发展

21世纪是信息化、网络化、数字化、智能化蓬勃发展的新时代。高分辨率卫星遥感技术突飞猛进，极大地提高了地理信息获取和更新的能力；宽带光纤和卫星通信极大地扩大了信息的通信交换能力；分布式数据库和共享技术的发展，极大地提高了信息存储和管理能力；仿真和虚拟技术的成熟，酝酿着信息应用技术领域的划时代变革。[①] 信息技术的提升不仅推动了科学研究的进步，而且潜移默化地影响着人们的生活方式。人们的生活逐渐被数字化，数字治理随之应运而生。

1. 数字治理的概念及发展

数字治理（digital governance），也叫电子治理（electronic governance）是数字时代全新的社会共治的治理模式。从广义上讲，数字治理不是信息通信技术（ICT）在公共事务领域的简单应用，而是包括对经济和社会资源的综合治理，涉及如何影响政府、立法机关以及公共管理过程的一系列活动；从狭义上讲，数字治理是指在政府与群众、政府与社会组织的互动和政府内部的运行中运用信息技术，易化政府行政，简化公共事务的处理程序，并提高其治理能力的治理模式。简而言之，数字治理既是理论问题，也是实践问题，是现代化信息技术融合在城市治理的创新的多元主体应用。

2. 数字治理实践

我国数字应用到城市建设之中最早的案例可以追溯于2004年北京市东城区数字化城市管理。东城区将辖区划分为10个街区、126个社区、

---

① 修文群：《城镇化数字管理》，中国人民大学出版社2010年版。

1593个网格（万平方米）等管理部件（项目），进行标准化、规范化的分类和编码。① 每一部件按"市辖区代码—大类代码—小类代码—部件名称—归属部门—问题位置—所在网格号"编码，并将其纳入地理空间数据库。

具体的运行流程是在网格上建立两个平行的结构——城市管理监督评价中心和城市管理指挥中心。网格监管员通过"城管通"城市通信系统，将城市现场情况报告给这两个中心，然后由城市管理指挥中心调度执法力量到网格部件处解决问题，之后城市管理监督中心根据网格监督管理员的反馈，对指挥中心进行监督。如东城区某街道城市管理监督员发现道路上的障碍物，将现场图片拍下，发送至城市管理监督中心，中心立案、审核，然后案件派遣至城市管理指挥中心，指挥中心将任务分配至各专业部门，如街道、地区办事处等职能部门，最后结果反馈至城市管理指挥中心，再由指挥中心将结果反馈至监督中心进行监督、评价和结案。

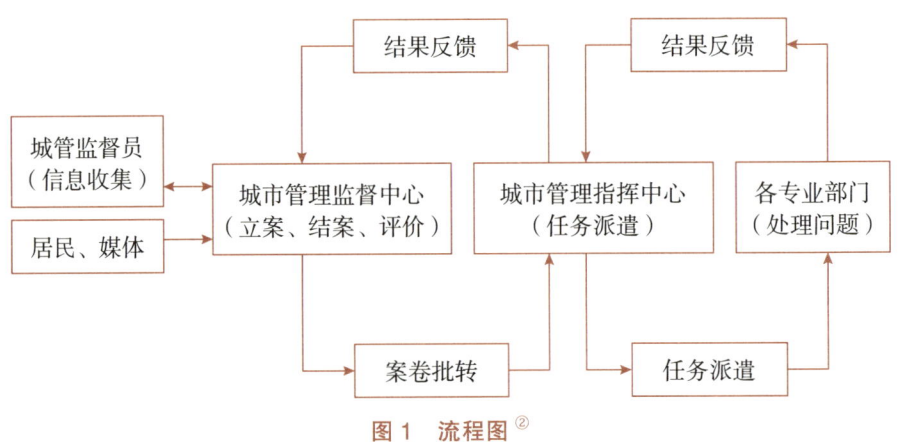

图1 流程图②

---

① 杨宏山、齐建宗：《数字化城市管理模式》，中国人民大学出版社2009年版。
② 杨宏山：《数字化城市管理的制度分析》，载《城市发展研究》2009年第1期。

据统计，北京市东城区试行数字化城市管理系统后，市政管理的各项统计指标，如问题发现率、任务派遣准确率、问题处理率、结案率和每月处理问题量等，都有显著提高。问题发现率由以往的30%增加至90%，平均处理时间由以往的一周左右增速到每12小时处理一件。过去，每年只能处理城市部件问题500~600件，现在提高到4000件左右。[①]

2004年我国城市治理处于初级阶段，被称为城市管理，当下我们所谓的城市治理是城市管理的延续和超越。由此广义的城市管理可以包含数字治理。北京东城区的实践表明数字治理对城市治理的影响在传统的城市管理之中就已见端倪。

（三）现代化城市数字治理的对象及目标

新时代现代化城市治理理念以人民为中心，强调政府积极行政，服务行政，刚柔并济管理的多元共治的城市治理模式。推进城市治理现代化，亟须立足城市发展实际和人民需求，着眼党建引领、重心下移、科技赋能，不断提升城市治理科学化、精细化、智能化水平，让人民群众拥有更多获得感、幸福感、安全感。

有效增强现代化城市治理必须理解现代化城市建设的目标。现代化城市治理的目标有三个层级，基础层级是增强现代化城市的构建，提高城市居民的生活水平和质量；中间层级是打造现代化城市的标杆，有效且快速地在国内推广现代化城市的治理模式；最高层级是增强中国城市治理水平的核心竞争力，建设超大的国际城市，增强我国在世界上的影响力。

---

① 陈平：《数字化城市管理模式探析》，载《北京大学学报》2006年第1期。

现代化城市归根结底是城市，它具备城市的基本属性：人口密集，人才聚集，交通便捷，生产率高，基础设施完备，公共服务体系完善。在此基础上，现代化城市引进现代化城市治理的科学化、民主化与法治化，对以上属性在质上追求更高。欲思其利，必虑其害；欲思其成，必虑其败。城市在追求经济发达、科技进步、城镇化的同时，人口膨胀、交通拥挤、住房困难、环境恶化、资源紧张、物价过高等"大城市病"为城市治理带来困难。现代化城市抵御自然与人为的风险能力变得脆弱；现代化城市人口结构不均衡导致贫富差距，影响人民生活的幸福感；现代化城市资源过于丰富导致与乡镇地区发展不平衡，加剧人口的流动，影响乡村经济。

现代化城市治理需要在巩固城市的优势上，瞄准现代化城市建设中的劣势，补齐短板，促进城市稳健的良性发展。

二、数字经济条件下现代化城市数字治理的运用范围

数字技术的发展让数字治理成为当代公共服务系统理性和现代变革的中心。这将原本的纸质信息系统发展为电子信息系统，将政府管理中的分散性结构变得扁平化。有利于完善政府的组织设计，提高政府的决策能力，有利于信息系统变革。[①]

数字治理在数字时代下，促进政府的部门化、碎片化，加强中央统一领导过程，压缩政府治理成本，重塑公务支撑功能的服务提供链，减少政府的各自为政，有利于政府的一站式服务，政府数据库的建设，灵活的政府过程的建设，重塑政府从结果到结果的服务，有利于政府

---

① 竺乾威：《公共行政理论》，复旦大学出版社2008年版。

运作的持续性发展。①

2017年12月8日下午，中共中央政治局就实施国家大数据战略进行第二次集体学习时强调，推动实施国家大数据战略，加快建设数字中国。数字中国建设不断推进数字治理的完善，现代化城市治理已经进入以数字化治理为标志的2.0时代，数字经济条件下的现代化城市治理与数字治理相互交融，不可分割。

现代化城市治理的难点在于"大城市病"难以根治。实践表明现代化城市"大城市病"的治理离不开数字治理。

"大城市病"指的是在大城市里出现的人口膨胀、交通拥挤、住房困难、环境恶化、资源紧张、物价过高等"症状"。"大城市病"一直是城市治理的重点与难点，数字治理的创新为缓解这类治理问题带来曙光。数字治理在解决"人口流动""交通治理""城市住房""环境治理"与"城市管理"方面发挥了重要作用。

（一）数字治理在城市人口流动之中的运用

中国从传统"乡土社会"进入"城乡中国"以来，社会的资本、人口、资源等诸多要素流动加速，呈现"大流动社会"之态。② 人口流动是体现和影响区域经济发展人口因素的主要方面，外来人口管理是城市治理的难点，更是维护社会治安稳定的关键点。在人口大流动开始出现的20世纪90年代，城市治理流动人口从治安角度与预防犯罪角度进行治理到采取增设部门的模式，思维模式由管控到服务，但没能解决其中的难点，之后数字治理在其中发挥着重要的作用。

---

① 竺乾威：《公共行政理论》，复旦大学出版社2008年版。
② 曹锦清、刘炳辉：《郡县国家：中国国家治理体系的传统及其当代挑战》，载《东南学术》2016年第6期。

人口大规模的动态流动，导致基本信息的掌控和状态的更新难以与实际状态及时匹配。依据传统的逐级上报，快速统计大量人口的流动状况更是难上加难。但是公安机关引进信息化技术后，按照一定标准和规程，能够高效地完成各类外来人口的统计工作和日常管理工作。具体的流程是在信息采集过程中会用到具有扫描、比对、摄像功能的掌上电脑、数字监控系统、便携的海量数据存储器、社会数据共享等技术设备进行快速的采集储存各类信息，比对修正后进行电子数字化录入政府搭建综合性社会治理信息平台并共享，以及进行高效的数字化的协调沟通。

以广东东莞某某镇的社会治理信息平台为例，在平台的大型电子屏幕上可以随时查找出某栋建筑物，建筑物中当前人口居住状态以及相关人员的基本信息，该建筑物涉及的消防、治安、卫生、工商、食品安全等诸多信息可以立体全面地呈现。①

运用大数据技术对数据进行分析，进行人口流动预测与研究，催生了"百度迁徙""腾讯位置大数据"等平台的搭建。

数字治理在人口流动中的运用，使人口登记不再是传统的登记、发证与换证，而是由信息流掌控人口流，这解决了人口信息流聚合难的问题，提升了城市治理效率，减少了城市治理成本，达到了人口流动治理的双向效果。同时数字孪生技术也逐渐开始运用在人口治理之中，通过结合新一代信息通信技术与虚拟现实、增强现实、混合现实和介导现实等技术，对人口变动进行模拟和仿真。②

---

① 刘炳辉、郭晓琳：《速度、结构与情感：信息技术与社会治理的复杂互动——以当代中国流动人口治理问题为例》，载《新视野·流动人口治理》2018 年第 6 期。

② 黄匡时、贺丹等：《数字人口在疫情防控中的应用——以 2019 年新型冠状病毒肺炎疫情防控为例》，载《中国数字医学》2020 年第 2 期。

（二）数字治理在城市交通领域的运用

交通问题是关系国家发展和人民获得感的重要问题之一。随着我国经济的发展，机动车保有量持续增长，城市交通建设难以跟上车辆的增速，城市交通堵塞减慢了人们出行的速度，交通治理成为城市治理的痛点。随着科学技术的发展，物联网、大数据、人工智能等数字化的交通控制与管理技术成为交通部门的首选，并逐渐向全国推广与运用。

智能交通系统是我国当下大力开发的交通治理手段。智能系统的开发要以先进的物理感知技术、精准定位技术、精确地图技术、无线通信技术，以及计算机快速处理、高存储性能为基础。这些技术也是数字化的前提。

智能交通灯系统是人工智能与交通治理相结合的产物。智能信号灯通常有视频采集、闸机、控制器、显示屏、数据分析、数据传输、前端显示、智能控制等系统，实现现场交通情况监测分析、自动控制信号机、人脸识别、抓拍报警、语音提示等功能，[1] 能依据道路上的人流量自动调节红绿灯的时间，从而减缓交通堵塞。

车联网的建立也逐渐成为智能交通系统的强大支撑。通过 GPS、传感器、RFID 等设备对车辆基本信息进行采集，再将车辆的信息传送至交通管理中心。中心利用大数据技术对车辆信息进行分析和处理，合理安排信号灯周期，为车辆提供最佳行车路线、及时汇报路况和安排信号灯周期，通过车路协同，实现车辆与车辆、车辆与道路之间的

---

[1] 赵光辉、李玲玲：《"人工智能＋交通"应用场景与实例》，载《理论与政策》2020年第9期。

动态实时信息交互、车辆主动安全控制以及道路协同管理，提高道路通行效率。①

人工智能、大数据、物联网等技术赋能智慧停车，通过手机APP、视频系统、地感拍摄等系统形成"人—车—空间"三合一的停车模式，由此提高存量车位的利用率和周转率。具体运行流程是，智慧停车系统通过视频实现覆盖范围内禁停路段24小时监管以及停车自动收费功能。系统发现违停行为，将会自动向车辆登记车主发送提醒短信，如果车主在规定时间内未将车辆驶离，系统将保存违停证据，实现执法自动化。

为响应重要号召，解决市内交通承载问题，合肥市"城市交通超脑"项目于2017年年底开始建设，于2018年中旬开始试运行。在智能指挥调度方面，"交通超脑"运用数字孪生技术，可以在10秒内预测未来5~30分钟之后区域交通态势，发现突发堵点，辅助调度警力及时处置疏导。此项目试运行半年就使工作日高峰时段畅通路段比例提升6%，全市42个交通网格中已有12个拥堵指数下降，15平方公里示范区范围内通行效率提升10%。②

截至2020年5月，此项目已开启第三期，合肥市628处卡口、1770处电子警察、4412处视频监控、1224处信号机已全部接入交通超脑系统，每天汇聚公安卡口、电子警察、地下感应器等数据2700万条，互联网路况数据1.5亿条，运营车辆数据1400万条。通过对数据分析，将实现路况精准感知、堵点挖掘治理、事件影响分析、车辆分析研判、交通信号智能优化等功能。

---

① 赵光辉、李玲玲：《"人工智能+交通"应用场景与实例》，载《理论与政策》2020年第9期。

② 《"合肥交通超脑计划"出炉》，载澎湃新闻网2018年12月19日。

（三）数字治理在城市住房中的运用

住房是人类生存和发展的基础条件之一。随着经济的发展，城市设施的完善和政策的驱动，我国大量的村镇人口涌向现代化城市，特别是超大型城市，吸引的人才和务工人员比普通现代化城市多几倍。随之而来引发了现代化城市的住房紧张问题。2008年年底国务院下发的《关于促进房地产市场健康发展的若干意见》强调加大保障性住房建设的力度。保障性住房是保障城市中低收入人口住房需求的政策性房产，是促进城市更广泛、更切实地温暖百姓生活的基础条件之一。实践中我国保障性住房规划、建设与管理存在着一些问题，保障性住房治理成为城市治理的重要方面。

新一代信息技术的运用为城市住房治理添砖加瓦。以上海浦江镇保障房项目为例，运用 BIM 技术于保障房设计、施工和管理的全阶段。通过装配式和 BIM 技术的一体化设计解决设计反复协调与反馈的效率低的问题，标准化的构件库和生成的二维码信息实时掌握项目构件的状态，最终依靠移动终端实现建筑产品的设计信息、构件深化设计信息的可视化。解决保障性住房建造源头的不合理设计的问题。

运用 GIS 技术使保障性住房的建设项目、房屋资源等形成"住房保障一张图"。然后结合 MIS 技术为住房保障部门以及被保障人提供可视化服务。直观的观察有利于增强行政效率与服务水平，促进保障房科学规划、合理布局，同时消除政府与公众之间的信息不对称的问题。

物联网技术加入住房保障体系，引入智能门禁系统、利用人脸识别管控人员出入、通过微信小程序、APP 等应用程序发布住房保障政策、通知、住房公告等信息，有利于提升保障房小区智能化水平，实现住房物业的安全问题有保障的目标，杜绝转租转借现象，发现和了解特殊群体进行帮扶、让保障对象完全独立进行线上缴交租金、物业费。2020年的新冠肺炎疫情下，社区管理使用扫健康码功能实行人员追踪与管理，使用无接触电梯按钮减少人员的密切接触，从源头控制病原体的传播，为坚决打赢疫情防控阻击战提供了有力支撑。

（四）数字治理在环境治理中的运用

2012年我国出台"国家电子政务'十二五'规划"，2015年国务院印发《促进大数据发展行动纲要》，强调城镇化建设以大数据技术为基础的重要性。作为政府重要职能之一的环境治理，在大数据时代随之开始革新。

数字治理在环境治理中的运用主要在环境治理的监测、环境规划与决策、环境治理的预警和预测、环境治理的公共服务四方面。

运用 GIS 技术，全方位对环境进行监测，搭建大数据监管平台，将数据传送至平台后，对环境数据进行存储、整合与分析。福建、内蒙古、山东等地启动的生态环境大数据建设工程是大气环境监测网络的运行结果。生态环境部发布的《2018年中国生态环境公报》显示，在推进全国集中式饮用水水源地环境整治之中，全国97.8%的省级及以上工业集聚区建成污水集中处理设施并安装自动在线监控装置。[①]

数字化下监测的地方越多，获得的数据范围就越多，大数据的分析就越准确、精细。生态环境是一个复杂多变的巨型系统，大数据技术对相关性、混杂性和整体性数据的分析，能给决策者提供更精确、更全面的参考信息。

预警也是环境治理之中的一部分，传统的预警是通过监测进行预

---

① 中华人民共和国生态环境部：《2018年中国生态环境公报》，2019年5月29日发布。

测，但是在数字治理的运行下更为准确。以空气质量预警为例，在大数据技术的支持下，空气质量的预警所基于的数据基础包括了区域的地形地貌特征、气象观测数据、空气质量监测数据、污染数据等，基于大气动力学理论建立大气扩散模型，运用生态网络观测与模拟，可预报大气污染物浓度在空气中的动态分布情况，为区域大气污染联防联控等提供更科学的决策支持。[1]

数字化的治理加强了政府各部门之间的联动，将部门信息进行共治共享，使环境得以整体性治理。

（五）数字治理在城市管理中的运用

数字经济条件下的城市建设与新业态、新模式的平台经济和共享经济密不可分，这不仅会引起经济领域的深度变革，而且对现代化城市治理产生重要影响。数字治理在政府管理中发挥重要作用，下文将从现代化城市服务能力、决策能力、整合能力与执行力四方面进行具体分析。

习近平总书记指出，运用大数据、云计算、区块链、人工智能等前沿技术推动城市管理手段、管理模式、管理理念创新，从数字化到智能化再到智慧化，让城市更聪明一些、更智慧一些，是推动城市治理体系和治理能力现代化的必由之路，前景广阔。在科技赋能的推动下，革新政府解决公共问题、提供公共服务、实施公共治理的职能，解决行政审批程序烦琐复杂、行政效率不高，民众办事跑腿多、满意度低的政府治理难题，各城市政府积极响应国家"互联网＋政务服务"

---

[1] 常杪、冯雁等：《环境大数据概念、特征及在环境管理中的应用》，载《中国环境管理》2015年第6期。

的号召，将数字政府建设作为提供政务服务的关键，积极搭建公共服务在线平台，力争提供"一站式"和"一体化"整体服务。在数字治理的科技赋能下，服务信息平台的建设促进多方参与、多方共治的共建共治共享机制的形成。

数据被誉为新时代的"石油"，在市场经济中谁拥有了数据，谁就拥有了价值。政府官方、权威的特性不仅掌握着大量有价值的数据，且能最大限度调动社会资源来整合大数据。政府对大数据等信息技术的运用，能够实现"用数据说话，靠数据决策，依数据行动"的目标。通过客观地分析数据，得到具有说服力的方案，加强决策的民主化、精细化、法治化。

重庆依托大数据资源，在全国率先探索建立注册登记监测预警机制，对市场准入中的外地异常投资、行业异常变动、设立异常集中等异常情形进行监控，对风险隐患提前介入、先行处置，有效遏制了虚假注册、非法集资等违法行为，有效加强了重庆市政府的决策能力。[①]

数字经济条件下，网络、平台的建设产生了大量的数据，政府作为大数据建设和应用的主导力量，促进大数据的运用有利于发挥其隐含的战略价值，促进市场经济行业的发展。2020年3月30日，国务院发布的《关于构建更加完善的要素市场化配置体制机制的意见》将数据纳入市场要素的范畴。数据要素市场化的前提与难题都是数据的共享和流动。我国作为人口和经济大国，基于拥有的大量数据，有利于大数据产业的生根发芽。由2012年上海搭建的第一个政务开放平台开始，政务数据开放如雨后春笋般建设，如北京市政府数据开放平台（政府数据资源网）、贵州省政府数据开放平台、武汉市政府公开数据服务

---

① 《重庆已在全国率先探索建立注册登记检测预警机制》，载人民网2016年9月22日。

网等。由此打破政府部门间、政府与企业间的"数据烟囱""信息孤岛"等现象，促进政府部门间的整合与协作，促进政府协调与社会、市场之间关系的整合能力，提高公共数据资源的开发利用水平。

大数据、区块链等信息技术可以有效地记录政府执法的实时行为，促进科学决策的贯彻落实，从而增强政府城市管理的执行力，促进政府依法执政、廉洁执政。在执行行为实施完毕，行为的记录还能得到有效的反馈，进行客观的总结与纠正，形成一套完整的高效执行模式，提供各省市的优秀执行案例进行学习与借鉴。

三、现代化城市数字治理的必要性

（一）现代化城市面临非传统风险挑战

城市经济越发达，人才越聚集，随着城市规模的增大，现代化城市面临的风险也随之增长。

我国城市风险大多源于自然风险，如1976年唐山地震，2002年的"非典"，2008年的汶川地震，2008年的雪灾，2020年新冠肺炎疫情。从1976年到如今我国城市战胜了各种自然灾害，城市风险治理能力与治理水平在实践中不断提升，对城市治理的风险治理应该体现在风险预防、风险预警、风险治理与风险后建设的全周期之中。

（二）数字治理应对城市非传统安全风险

在国际与国内视域下，我国打造城市风险治理迫在眉睫。以2020年的新冠肺炎疫情为例，浅谈我国风险治理存在的问题及数字治理对城市非传统安全风险的重要性。

2020年新年伊始，新冠病毒对中国的公共卫生体系和政府治理能力提出了巨大挑战。党的集中统一领导是确保中国疫情不失控并取得防控工作最终胜利的最大制度优势。同时展现从中央到地方，从国企到私企，从政府到民间，各单位齐心协力共战"疫"情的决心。与2003年非典疫情相比，新冠肺炎疫情因为大数据、物联网、云计算、人工智能等新兴技术的快速发展和广泛普及使得疫情很快得到控制。区块链、大数据、云计算、人工智能等信息技术赋能实现了重大疫情的数字治理。解决了疫情早期的看病难、物资难、协作难、生产难、排查难的几大难题。《国家卫生健康委办公厅关于加强信息化支撑新型冠状病毒感染的肺炎疫情防控工作的通知》（国卫办规划函〔2020〕100号）指出，"积极采用网络直报方式，支撑新型冠状病毒感染的肺炎疫情数据填报和逐级统计，重点涵盖疑似、确诊病例等内容，不断提高数据报送质量效率，减轻基层统计填报负担"，这里的直报方式就是运用了数字化的信息技术。

社区、公安、检疫、医院等各部门分工明确，相互配合，由透明确切的信息通报串联起联防联控机制全流程。逐步排查健康人员，疑似人员与确诊人员从而减少交叉感染。依托省统筹区域全民健康信息平台，对新冠肺炎确诊和疑似病历进行汇聚、分析，应用服务于疫情防控、临床救治和科研攻关。

国家电网湖北电力物资部门主动对接防疫项目建设及物资需求，充分利用现代智慧供应链体系电子化、网络化、移动化成果，动态实时查询库存，快速掌握物资资源，网络协同开展物资调配、运输跟踪、到货交接、一键完成、移动办理等流程，提升效率。[1]

---

[1] 《国家电网全力筑牢抗"疫"物资保障线》，载中国电力新闻网2020年2月19日。

作为中央企业电子商务联盟理事长单位的国网电商公司,积极响应国务院国资委号召,与行业协会、中央企业及其行业细分领域的产业联盟等协同开展疫情防控,实时共享物资货源渠道及库存信息,整合仓储及物流资源,高效提供疫情防控物资支撑。这些解决了早期物资信息滞后导致物资缺乏的难题。

云计算、区块链、大数据、人工智能和虚拟现实等新一代信息技术在防疫中得到大量应用,加强了工信、公安、交通运输等部门信息联动,形成公路、铁路、民航、通信、医疗等疫情相关方多源数据监测、交换、汇聚、反馈机制,利用大数据技术对疫情发展进行实时跟踪、重点筛查、有效预测,为科学防治、精准施策提供数据支撑,大力推动了疫情信息的准确报送、疑似病例的监测和远程专家会诊的可视化和精准性,提高了政府危机管理决策的预见性、科学性和有效性,助力科学防治、精准施策。[1] 例如,河南省通过省政务服务网、省人民政府网、"豫事办"APP 及支付宝小程序、微信小程序等快速搭建了相关疫情服务平台,提供疫情信息发布、疫情线索申报、医疗服务、同行程人员查询等服务,同时各级政府也通过新闻发布会等及时公布疫情相关数据,对一些谣言及时进行辟谣。浙江省的"新型肺炎防控公共服务管理平台"正式上线"浙里办",提供主动申报与疫情线索提供、浙江省互联网医院新冠肺炎通道、网上智能问诊与人工服务、居家医学观察服务与管理、集中医学观察服务与管理、信息发布与健康教育等服务。

由政府主导企业协同的"健康码"项目是城市治理数字化的典型。实现了数字和治理的统一,成为疫情防控的重要阵地。个人通过实名

---

[1] 王洛忠等:《公共卫生危机事件处置中政府协同机制研究——以新冠疫情防控为例》,载《北京航空航天大学学报(社会科学版)》2020 年第 5 期。

认证并填报健康状况，依据所处地区的风险的不同，健康码显示绿色、橙色与红色三种之一。绿码表示可以正常出行和复工的申办人，橙色表示居家等隔离观察 14 天的申办人，红色表示新冠肺炎确诊患者、疑似患者、无症状感染者、密切接触者。平台端自动将手机漫游轨迹、密切接触人员等相关数据进行比对，对个人自主填报的信息进行校验，精准、动态地管理人员信息。由此解决了流行病理学追根溯源难的问题，形成了快速鉴别健康或者感染的人员与排查和显示隔离疑似人员的良性互动。

第二节　国内外现代化城市数字治理政策与实践

习近平总书记强调，要深刻认识互联网在国家管理和社会治理中的作用以推行电子政务、建设新型智慧城市等为抓手，以数据集中和共享为途径，建设全国一体化的国家大数据中心，推进技术融合、业务融合、数据融合，实现跨层级、跨地域、跨系统、跨部门、跨业务的协同管理和服务。习总书记的讲话意蕴深刻，对新时期深化推进数字治理构建新型智慧城市建设、深入落实国家大数据战略具有重大而深远的意义。

智慧城市是新一轮信息技术变革和知识经济发展的数字治理产物。智慧城市一词最早源于 1984 年美国的一个以"智慧城市"为名的产业技术协会组织。在 2009 年金融危机产生后，美国 IBM 公司总裁在强调"智慧地球"理念的基础上，建议政府投资建设城市智慧基础设施，提出"智慧城市"这个概念。之后美国政府积极回应，并在迪比克市进行建设并取得了不错的成效,由此在世界范围内引发了"智慧城市"建设的热潮。

目前对于智慧城市还没有统一的定义,我国学者及政府部门等对此积极发表见解。中央网信办、国家互联网信息办提出"新型概念城市"的概念,认为智慧城市是以为民服务全程全时、城市治理高效有序、数据开放共荣共享、经济发展绿色开源、网络空间安全清朗为主要目标,通过体系规划、信息主导、改革创新,推进新一代信息技术与城市现代化深度融合、迭代演进,实现国家与城市协调发展的新生态。这一概念是全心全意为人民服务的具体措施与体现,是可持续发展的内生动力的安全、便捷、高效、绿色的城市形态。

广义上智慧城市并非特指新一轮信息技术变革和知识经济发展的新的城市产物,而是一个不断开拓创新和智能完善的信息化数字治理的成长历程。智慧城市随着科技与经济的发展,大致分为三个阶段:"数字城市"、"智能城市"与"智慧城市"。数字城市是智慧城市发展的初级阶段,是以地理空间为框架,以空间技术为主要手段,对信息资源进行整合的支撑平台或环境。① 其关键技术是遥感、地理信息系统、卫星定位系统等空间信息技术。智能城市更加注重城市数字化后的整合,以物联网为主要技术实现不同业务部门、不同组织之间的互联互通,具有开放、整合、协同的特点。而智慧城市是更加智能、更加科技的城市发展的高阶形态,具有资源高度集中性,建设高效性,共享性,智慧性的特点。

---

① 金江军、郭英楼:《智慧城市大数据、互联网时代的城市治理》,电子工业出版社2018年版。

一、我国现代化城市数字治理政策和实践

（一）我国现代化城市数字治理政策实践

1. 中央政策

2010年开始，国家及地方"十二五"发展规划陆续出台，许多城市把建设智慧城市作为未来发展重点。

为贯彻党中央、国务院关于创新驱动发展、推动新型城镇化、全面建成小康社会的重要举措。2012年12月，住房和城乡建设部办公厅发布《国家智慧城市试点暂行管理办法》，为中国智慧城市建设拉开了序幕。2014年，《国家新型城镇化规划（2014—2020年）》《关于印发促进智慧城市健康发展的指导意见》再次强调建设智慧城市，对加快工业化、信息化、城镇化、农业现代化融合，提升城市可持续发展能力具有重要意义，并发布指导思想、基本原则和主要内容，为构建智慧城市指明方向。

2016年2月，国务院公布《关于进一步加强城市规划建设管理工作的若干意见》进一步加强和改进城市规划建设管理工作，解决制约城市科学发展的突出矛盾和深层次问题。之后出台国家与各省市"十三五"规划，把智慧城市建设作为未来城市发展的重心，然后从总体架构到具体应用等角度分别对智慧城市建设提出了鼓励措施。

2018年，交通运输部发布《关于加快推进新一代国家交通控制网和智慧公路试点的通知》推动新一代国家交通控制网及智慧公路试点有序开展。

2019年4月，国家发展改革委公布《2019年新型城镇化建设重点

任务》明确阐释了推动城市高质量发展的重要性。自然资源部印发《智慧城市时空大数据平台建设技术大纲（2019版）》指出时空大数据平台是智慧城市建设与运行的基础支撑，大力夯实基础设施建设是又好又快发展智慧城市的必经之路。

2. 地方政策

各地积极贯彻依法治理的现代化城市治理理念，将智慧城市的发展列入法治轨道，贯彻中央顶层设计，抓好基层落实，做到建设智慧城市有法可依，有法必依，执法必严。具体的政策见下表。

31省（自治区、直辖市）智慧城市政策汇总[①]

截至2020年31省市智慧城市政策汇总			
31省市	时间	政策名称	主要内容
北京	2020年2月	《北京市关于促进北斗技术创新和产业发展的实施方案（2020年—2022年）》	提升"高精度＋室内外"定位服务能力；发挥"服务＋数据"公共平台价值；应用"物联网＋北斗"、"5G＋北斗"等。实施七大应用示范工程，打造慧城市标杆；在市政管网领域，深度推广"北燃经验"。重点利用北斗实时快速的精准时间和空间位置获取技术，结合物联网、大数据、AR/VR等技术，依托建设的基于北斗的市政物联网平台，实现市政管线（水、电、气、热）基础信息获取、动态更新等。
	2016年12月	《北京市"十三五"时期信息化发展规划》	到2020年，信息化成为全市经济社会各领域融合创新、升级发展的新引擎和小康社会建设的助推器，北京成为互联网创新中心、信息化工业化融合创新中心、大数据综合试验区和智慧城市建设示范区。北京城市副中心成为高标准智慧城市示范区。

[①]《重磅！2020年中国及31省（自治区、直辖市）智慧城市最新政策及规划汇总（全）》，载搜狐网2020年6月21日。

续表

截至2020年31省市智慧城市政策汇总			
31省市	时间	政策名称	主要内容
北京	2018年3月	《大兴区新型智慧城市总体规划》	到2020年，实现全程全时便捷多元的公共服务体验之城，建立平战结合精细共治的城市治理之城，打造绿色低碳环保的高品质宜居之城，形成智慧引领的高端制造与产业服务之城，建成绿色集约安全智能的感知之城。
	2018年4月	《大兴区推进新型智慧城市建设行动计划（2018—2020年）》	构建符合大兴区建设特色的"1云+2平台+N应用"的新型智慧城市总体框架。
天津	2018年1月	《天津市智慧城市专项行动计划》	到2020年，进一步提升我市智能化水平，深化信息技术在城市治理、民生服务、智慧经济、信息安全等领域创新发展与应用，初步建成"智能、融合、惠民、安全"的"智慧天津"。到2025年，基本完成"智慧天津"建设，全面实现智慧生活便利化、智慧经济高端化、智慧政务高效化、智慧治理精细化、城市信息化整体水平迈入世界先进行列，成为国内领先、世界一流的智慧城市建设标杆。
	2016年11月	《天津市智慧城市建设"十三五"规划》	到2020年，初步建成"智能、融合、惠民、安全"的"智慧天津"，打造面向未来的智慧城市，为实现中央对天津定位、全面建成高质量小康社会提供强力支撑。
	2015年6月	《天津市推进智慧城市建设行动计划（2015—2017年）》	到2017年，全面提升基础设施智能化水平，深化新一代信息技术创新应用，公共服务、城市管理、智慧经济、信息安全四个体系取得明显成效，基本构建起"智慧天津"的总体框架，城市信息化整体水平继续保持全国前列，智慧城市建设成为实现中央对天津城市定位和京津冀区域功能定位的强力支撑。

续表

截至 2020 年 31 省市智慧城市政策汇总			
31 省市	时间	政策名称	主要内容
河北	2020 年 3 月	《河北省第一批新型智慧城市建设试点工作方案》	第一批拟试点建设 3 个左右的市、10 个左右的县（市、区）。
	2019 年 2 月	《关于加快推进新型智慧城市建设的指导意见》	到 2020 年，通过 3 个市主城区和 10 个县城开展新型智慧城市建设试点，探索出符合河北省情的市、县级智慧城市发展路径。 到 2025 年，智慧城市与数字乡村融合发展，覆盖城乡的智慧社会初步形成。
山西	暂时缺少省级纲领性文件，大同市出台了《大同市智慧城市促进条例》		
内蒙古	暂时缺少纲领性文件		
辽宁	暂时缺少省级纲领性文件，沈阳市出台了《沈阳市智慧城市总体规划（2016—2020 年）》		
吉林	2015 年 6 月	《关于印发吉林省促进智慧城市健康发展的实施意见的通知》	到 2020 年，我省智慧城市建设取得显著成效，覆盖全省的智慧城市支撑体系初步形成，智慧应用快速拓展，全省一卡通、食品安全溯源、医保结算等惠及民生。
黑龙江	2019 年 6 月	《"数字龙江"发展规划（2019—2025 年）》	到 2025 年，"数字龙江"初步建成，信息基础设施和数据资源体系进一步完备，数字经济成为经济发展新增长极，数字政府运行效能显著优化，社会治理智慧化发展水平大幅提升，数字服务红利普惠全民，网络安全防范能力显著增强，经济社会数字创新活力和区域竞争力大幅提升，有力支撑黑龙江经济社会发展全面实现质量变革、效率变革和动力变革。
上海	2020 年 2 月	《关于进一步加快智慧城市建设的若干意见》	强化规划引导。优化全市大网络大系统大平台建设机制，统筹各区、各领域信息化规划编制，推动网络连接增速，推动 5G 先导、4G 优化，打造"双千兆宽带城市"。率先部署北斗时空网络，深化 IPv6 应用，推进信息基础设施与城市公共设施功能集成、建设集约。
	2018 年 6 月	支持智慧城市建设和大数据发展	2018 年 6 月，为支持本市信息化发展，改善信息化发展环境，上海市经济信息化委、财政局联合开展了 2018 年上海市信息化发展专项资金项目的评审工作，本批次合计拟支持金额 7653.7 万元。

续表

截至 2020 年 31 省市智慧城市政策汇总			
31 省市	时间	政策名称	主要内容
	2016 年 9 月	《上海市推进智慧城市建设"十三五"规划》	到 2020 年，上海信息化整体水平继续保持国内领先，部分领域达到国际先进水平，以便捷化的智慧生活、高端化的智慧经济、精细化的智慧治理、协同化的智慧政务为重点，以新一代信息基础设施、信息资源开发利用、信息技术产业、网络安全保障为支撑的智慧城市体系框架进一步完善，初步建成以泛在化、融合化、智敏化为特征的智慧城市。
江苏	2018 年 9 月	《智慧江苏建设三年行动计划（2018—2020 年）》	大力推进网络强省、数据强省、制造强省建设，高水平建设智慧江苏。突出"互联网+政务""互联网+民生""互联网+先进制造业"，实施"12345"行动计划，即构建一个创新发展服务体系，实施大数据应用推广和云服务提升两大计划，打造智慧江苏门户、政务服务、民生服务三类云平台群，围绕超前布局信息基础设施、深入推进智慧城市建设、加速普及智慧民生应用、加快发展数字经济四个重点方向，实施基础设施提档升级、政务服务能力优化、智慧城市治理创新、民生服务便捷普惠、数字经济融合发展五方面工程。
	2017 年 2 月	《"十三五"智慧江苏建设发展规划》	从八个方面提出智慧江苏发展的路径和目标：宽带江苏，超前布局下一代网络；大力发展"新兴智慧产业"；大力发展"智能制造"；推进"互联网+"；促进"智慧民生"；打造"智慧政务"；构建"智慧城市群"；加快建设"网络强省"。
	2014 年 9 月	《关于推进智慧江苏建设的实施意见》	到 2016 年，全省信息基础设施建设水平全国领先，重点领域综合信息平台全面建成，网络与信息安全防护能力明显增强，传统产业结构调整步伐加快，新兴产业发展空间进一步拓展，城镇化发展质量和综合竞争优势明显提高，建成智慧产业更加集聚、基础设施更加智能、政府运行更加高效、社会管理更加精细、公共服务

续表

截至 2020 年 31 省市智慧城市政策汇总			
31 省市	时间	政策名称	主要内容
			更加便捷、生态环境更加宜居、网络安全更加长效的智慧化发展体系，力争成为全国有影响力的智慧基础设施先行区，产业转型升级拓展区，智慧政务运行高效区，智慧服务业态创新区，新型智慧产业集聚区。
浙江	2015年5月	《浙江省智慧城市标准化建设五年行动计划（2015—2019年）》	到 2019 年年底，基本形成智慧交通、智慧电网、智慧物流、智慧健康等智慧城市应用领域标准体系，国家标准、行业标准或地方标准制定 50 个以上，建立智慧城市国家级标准示范项目或省级标准示范项目 5 个以上。
安徽	2017年2月	《安徽省智慧城市建设指南》	从智慧城市的基本概念、组成体系、关键技术等入手，系统阐述了智慧城市建设的顶层设计方法论，提出了重点建设领域，对智慧城市建设运营模式和投融资策略进行了分析探讨。
福建	2014年5月	《关于数字福建智慧城市建设的指导意见》	到 2020 年，全省智慧化应用体系建成，实现信息化条件下新政务、新经济、新生活、新城市，我省成为两岸电商合作重要基地、区域国际化智能物流中心、国际信息通信枢纽。
江西	2015年8月	《关于推进江西省智慧城市建设的指导意见》	到 2016 年，全省电子政务公共平台将基本建成。到 2018 年，主要管理对象和服务事项智慧化应用覆盖率达到 50%。到 2020 年，50% 以上社区实现智慧社区标准化建设，建立健全可持续发展社区治理体系和智能化社会服务模式。
山东	2019年9月	《山东省新型智慧城市试点示范建设工作方案》	2019 年到 2021 年，面向全省各设区市、县（市、区），分三批开展新型智慧城市试点建设工作，每批建设周期为两年，省级共试点建设 10 个左右的市、30 个左右的县（市、区），打造一批新型智慧城市样板。2022 年到 2023 年，开展新型智慧城市示范推广工作，力争将智慧城市打造成"数字中国"建设领域代表山东的一张名片。

续表

截至2020年31省市智慧城市政策汇总			
31省市	时间	政策名称	主要内容
河南	2020年6月	《2020年河南省数字经济发展工作方案》	将"新型智慧城市"建设放在首位。创建一批特色鲜明的新型智慧城市示范市；支持各地建设一批智慧社区试点，依托新型智慧城市统一的中枢平台"城市大脑"，创新线上、线下联动服务模式，开展社区网格化管理、智慧生活圈、智慧停车、智慧快递柜等智慧应用；围绕解决城市发展的难点、堵点问题，重点在交通、医疗、教育、文旅等领域实施智慧化示范工程，会同省有关部门培育建设一批智慧交通、智慧校园、智慧医院、智慧景区、智慧应急等试点应用场景。
河南	2015年9月	《河南省促进智慧城市健康发展工作方案（2015—2017年）》	开展信息惠民试点示范，在深入实施"宽带中原"战略、加快推进智慧交通应用、推进智慧医院及网络医院建设、加快发展智慧旅游、推进智慧养老应用、大力发展电子商务等方面推出18条措施，加快推进河南智慧城市建设。
湖北	2015年8月	《关于加快推进智慧湖北建设的意见》	到2017年，全省经济社会各领域互联网化、智慧化水平显著提升，支撑大众创业、万众创新的作用进一步增强，初步建立以"宽带普及、互联互通、信息共享、应用创新、民生普惠、产业转型、安全保障"为主要特征的智慧湖北，力争成为全国有影响力的智慧基础设施先行区、产业转型升级引领区、智慧政务运行高效区、信息经济产业聚集区、智慧城市建设示范区。
湖南	2019年6月	《湖南省5G应用创新发展三年行动计划（2019—2021年）》	到2021年，"5G+"行动计划初见成效，在工业互联网、自动驾驶、超高清视频、网络安全、医疗健康、智慧城市、数字乡村、生态环保等重点领域，打造100个以上示范应用场景，形成一批特色鲜明、亮点突出、可复制可推广的行业应用标杆。
湖南	2017年3月	《湖南省电子政务"十三五"规划（2016—2020年）》	到2020年，全面建成统一规范的全省电子政务网络和电子政务外网云平台，到"十三五"期末，我省电子政务整体发展水平达到国内先进水平。

续表

截至2020年31省市智慧城市政策汇总

31省市	时间	政策名称	主要内容
广东	2015年7月	《广东省促进智慧城市健康发展工作方案（2015—2017年）》	将智慧城市规划纳入全省总体规划部署实施，积极推进国家及省物联网重大应用示范工程的实施。推进智慧教育、智慧交通、智慧医疗、智慧农业、智能商务、智能环保、智慧旅游、智慧民政、智慧金融、智慧水利、智慧财政等应用。
广东	2014年11月	《关于印发推进珠江三角洲地区智慧城市群建设和信息化一体化行动计划（2014—2020年）的通知》	到2017年，基本建成具有世界先进水平的宽带网络基础设施，通过地理空间、物联网、云计算、大数据等新一代信息技术实现区域经济社会各领域智慧应用的协同与对接。到2020年，基本建成具有国际领先水平的宽带网络基础设施，建成珠三角世界级智慧城市群。
广西	2019年5月	2019年智慧城市建设第一次现场推进会	全面贯彻落实数字广西建设大会精神和"1+13"系列文件精神，切实推动全区智慧城市建设。大力推进智慧城市基础设施建设，加快推进数字政务一体化平台建设，扎实推进12345热线整合建设工作，推动社会治安立体防控体系建设，加快推进数字广西协同调度指挥中心建设。全力构建智慧城市民生服务体系，大力发展"互联网+医疗健康""互联网+教育""互联网+社会保障""互联网+养老服务"。
海南	2018年9月	《海南省新型智慧城市建设工作方案》	"努力打造智能岛、信息岛"思路，大力推进新型智慧城市建设，形成全面覆盖的数字化社会服务体系。
重庆	即将发布	《重庆市新型智慧城市建设方案2019—2022年》	围绕"智慧城市"做好制度创新、标准创新、应用创新等建设内容，将重庆培育成为西部地区"智慧城市"样本。
重庆	2018年8月	《重庆巴南区智慧城市专项规划（2018—2025年）》	推动互联网、大数据、人工智能和实体经济深度融合，以智能化引领产业转型、创新政府管理、服务社会民生，加快培育经济增长新动能。

续表

截至2020年31省市智慧城市政策汇总			
31省市	时间	政策名称	主要内容
重庆	2015年9月	《重庆市深入推进智慧城市建设总体方案（2015—2020年）》	到2020年，信息基础设施更加完善，3G/4G/WLAN网络覆盖能力进一步加强，智慧城市公共信息平台更加完善，城市传感基础设施更加完备。产业升级、政务应用、公共服务等近30个应用示范工程全面建成并面向全市提供智慧化的信息服务。基本建成新型工业化、信息化、城镇化和农业现代化融合同步发展，智能化水平和网络信息安全保障能力国内领先的国家中心城市。
四川	2020年4月	《新型智慧城市建设2020年度工作方案》	制定完善全省新型智慧城市建设政策文件和标准规范，开展省级新型智慧城市试点示范，为城市基层治理能力建设提供强大的科技支持，推进新一轮新型智慧城市示范引领。
贵州	2018年6月	《关于促进大数据云计算人工智能创新发展加快建设数字贵州的意见》	到2020年，信息化驱动现代化能力明显提升，互联网、大数据、云计算、人工智能等新一代信息技术在经济社会各领域广泛应用，经济发展的数字化、网络化、智能化水平，社会治理的精细化、科学化、高效化水平，公共服务的均等化、普惠化、便捷化水平明显提升。
贵州	2017年12月	《贵州省加快推进山地特色新型城镇化建设实施方案》	加强智慧城市信息资源开发利用，推动构建山地特色产业体系、智能化基础设施体系、惠民公共服务体系、精细化社会管理体系、宜居生态环境体系，智慧推进新型城镇化发展。
贵州	2017年10月	《智能贵州发展规划（2017—2020年）》	对贵州智能制造、智慧能源、智能旅游、智能医疗健康、智能交通服务、智能精准扶贫、智能生态环保等领域发展进行了规划布局。
云南	暂时缺少省级纲领性文件，昆明市出台了《关于加快推进智慧城市建设的实施意见》		
西藏	暂时缺少纲领性文件		
陕西	2018年9月	《关于加快推进全省新型智慧城市建设的指导意见》	到2021年，各市（区）全面建成统一的数据资源网和数据资源池，网络互联互通率达到95%以上，汇聚政务数据80%以上、城市数据90%以上；建成"六个一"基础工程，打通服务群众"最后一公里"；全省新型智慧城市建设水平达到全国前列，其中2~3个城市达到全国先进水平。

续表

截至 2020 年 31 省市智慧城市政策汇总			
31 省市	时间	政策名称	主要内容
甘肃		暂时缺少省级纲领性文件，兰州市出台了《兰州市"十三五"智慧城市发展规划》	
青海		暂时缺少纲领性文件	
宁夏	2017 年 6 月	《关于加快新型智慧城市建设的实施意见》	到 2020 年，80%以上的各级政府服务事项实现网上办理。城市治理精细精准，城市感知、监控预警和应急响应能力不断提升。
新疆	2016 年 8 月	《"互联网+"行动的实施意见》	大力发展以互联网为载体、线上线下互动的新兴消费，加快发展基于互联网的医疗、健康、养老、教育、旅游、社会保障等新兴服务，提高资源利用效率，降低服务消费成本。

（二）我国现代化城市数字治理实践

在中央的顶层设计下，各省市纷纷出台具有地方特色的智慧城市构建意见，依法依规进行构建。下文将以北京市朝阳区、天津市西河区、江苏省常州市的数字治理实践进行分析。

1. 北京市朝阳区——"城市大脑"构建

早期北京市朝阳区探索数字管理模式将先进技术与城市管理相结合，运用数字化技术构建完善的部件库、事件库、人口库、单位库。在此基础上加强基础设施的建设，建立基础数据的地理信息系统，搭建了超大容量、超高速度、高稳定、开放性高的数字化系统平台，运用数字治理解决城市治理中的人口、交通、住房、公共安全等问题。[1]

---

[1] 黄建伟、陈玲玲：《国内数字治理研究进展与未来展望》，载《理论与改革》2019 年第 1 期。

朝阳区不断地探索数字治理新模式，2020年8月25日朝阳区人民政府发布《加快新场景建设行动方案（2020—2022年）》表示，在将来的两年将大力创新区块链、人工智能、大数据等技术的运用，提升数据共享和业务协同能力，重点推进电子证照、电子档案、数字身份等居民个人信息的全链条共享应用，强化新技术在"互联网+"监管领域的应用，实现信用监管数据可比对、过程可追溯、问题可监测。同时统筹"城市大脑"顶层设计，以推动"一个中心、三大平台、五大基础库"建设为核心，加快"城市大脑"参与交通、金融等相关领域场景协同治理。依托前端视频监控资源，通过视频图像信息结构化分析、视音频资源快速检索、大数据比对碰撞等手段，围绕重点区域、道路、部委周边等公共区域建设视频监控点位，构筑公共安全视频监控平台。

2. 天津市河西区——"数字冰雹"创新式数字治理

为响应国家"'十三五'国家信息化规划"号召，天津市河西区运用信息化、数字化建设，实现全感知、全链接、全场景的管理方式，全面提升行政效率。

"数字冰雹"项目为其数字治理的创新应用。基于数据融合与数据可视化技术，建设了城市运行监测、产业经济监测、民生发展监测、公共安全监测等多个应用主题，共同组成可视化系统，对用户进行数据分析、展示汇报，为政府决策提供数字化可视方案，提高了政府日常决策能力和效率。

"数字冰雹"项目中的数字孪生具有鲜明的天津特色，充分利用可视化技术，在充分整合城市各领域信息资源的基础上，利用可视化技术，将大规模城市各领域管理要素进行精准复现，包括城市街道、地标点、建筑物、机动目标、视频数据等要素信息，并集成各领域实时运行数据进行综合分析研判，为城市智慧化以及精细化管理提供决策依据，进而实现城市智慧式管理和运行。①

同时引进多级细节显示优化（LOD）功能，对不同需求的大楼、辖区以及大范围建筑群进行监测，可以实现城市建筑的无切换多精度模型的画面动态加载并实时匹配业务数据，进行高效率的仿真模拟，以此提高政府决策的准确度。

3. 江苏省常州市——"一张网"管理计划

2009年，江苏省常州市力争将城管建设成国内一流水平，全面构建数字技术视频监控系统，对城市的重点区域进行全面、动态、实时监控，摸清全市最新的地理信息数据和城市部件数据，同时将视频信号与数字城管信息系统结合，打造街道三级平台长效治理的数字城管模式。这是全国数字城管的首创。

2019年，为了完成常州市的"一张网"管理计划，自主研发"网格化社会治理联动指挥平台"，配备"全要素网格通"8507台，建设网格化服务管理中心，形成工作平台纵向覆盖市、县、乡、村、网格五级联动，由此在全省率先建成市级网格化服务管理中心。②

在2020年的新冠肺炎疫情期间，常州市依托大数据共享应用和"一张网"集成服务优势，推动"互联网+防控+服务"向纵深发展，积极应对疫情防控和复工复产两场攻坚战役。③实现多部门和地区数据共享，与电信、移动、联通三大运营商合作搭建市行政中心、疾控中心和云视频会议，以此形成快速准确的实时通报、研究和决策的防控指挥。

---

① 《天津市河西区政府智慧城市大屏可视化决策系统》，载腾讯网2020年3月26日。
② 《常州网格化社会治理实现"数据一网通"》，载《新华日报》2019年4月2日。
③ 《常州："互联网+防控+服务"赋能数字政府建设》，载中国江苏网2020年4月7日。

三、现代化城市数字治理的意义

优化现代化城市数字治理必须构建智慧化城市,既是大趋所致,亦是面对时代新事物的挑战。世界各地智慧城市的建设充分展现了"数字"带来的"新""益""兴"。

(一)服务优先,构建生态宜居现代化城市

智慧城市是在已有的"数字城市"基础上建立发展起来的。在以服务优先的基础上,更加强调智能、互动、协调。智慧城市将大数据、人工智能、物联网等新一代的信息技术充分引进,使现代化城市的人口迁移的统计、交通治理、环境优化、公共基础设施建设、城市管理、城市风险治理更加便捷,从而让城市更智慧、更幸福、更和谐。

(二)创新城市治理手段,提升行政效率

智慧城市中数字要素已成为经济发展的决定性内生变量,它不仅能充分挖掘人的智能潜力和社会物质资源潜力,实现个人行为和组织决策的最优化,而且能被无限复制和重复使用,创新城市治理手段,提升政府行政效率。

信息共享是智慧城市建设强调的核心内容,它摒弃物理中心主义、政府中心主义、地域中心主义,增进政府部门之间、政府与企业之间、政府与人民之间的数据共享,有利于多元共治目标的实现。

新一代的信息技术的引入,降低基础业务成本,融合各部门行政资源,提高行政资源使用效率,降低政府机构运行成本,并形成及时

准确、对城市管理和公共安全做出响应的格局。①

（三）激发信息技术创新，迎接智慧城市新趋势

智慧城市建设是以物联网、3S（GIS，GPS，RS）和云计算为重要核心技术，它们的应用将不断壮大新一代信息技术产业，带动节能环保、高端设备制造、新能源、新材料等新技术群体集聚，有利于培育战略性新兴产业。

着眼于当下，新的一轮信息技术 5G、区块链、强人工智能等技术已经席卷而来，新技术、新时代、新经济必将催生新兴行业，创新的新一代城市治理模式。而智慧城市在带动信息技术创新的同时，也在被新的技术所改变。

（四）构建智慧城市，增强国际影响力

纵观世界构建智慧城市的目标，新加坡投身于"智慧国家"的建造，旨在打造世界一流的"金融中心"、亚洲"金融中转站"；韩国 U-City 计划致力于社会经济发展和社会变革；美国的智慧城市建设一直走在世界前列。

我国必须加入智慧城市建设的主流中来，打造世界顶尖智慧城市，将先进的技术与理念传到世界各个角落，促成金融中心的形成，加强我国的国际影响力。

---

① 史璐:《智慧城市的原理及其在我国城市发展中的功能和意义》，载《中国科技论坛》2011 年第 5 期。

第三节　现代化城市数字治理
——智慧网格化治理体制机制构建

一、智慧网格化治理体制机制概述

（一）智慧网格化治理

城市的网格化治理是中国较早开始实践的现代化城市管理模式，实施后便取得了良好的实效。

网格化治理思想源于计算机领域的"网格"，是利用互联网的特性将地理上广泛分布的云计算相关技术融为一体，为用户提供更多资源、功能和交互性，实现动态变化的多个虚拟机构间的资源共享和协同解决问题。[1]

智慧网格化治理的形成是一个逐渐进化的过程。在早期的城市管理中，我国称之为网格化管理，是利用信息技术提升政府公共管理水平的有效手段，科学划分网格单元则是构建数字化城市管理系统的前提。[2] 当下，经济与科技的飞速发展，网格化治理逐渐演变为智慧网格化治理。智慧网格化治理是网格化治理的升级，更加强调"以人为本"的理念和多元共治模式。

智慧网格利用物联网、云计算等为核心的新一代信息技术改变了政府、企业和人们相互交往的方式，对包括民生、环保、公共安全、

---

[1] 朱崇羿:《新时期我国网格化管理研究综述》，载《农村经济与科技》2016年第3期。
[2] 叶裕民、杨宏山:《数字化城市与政府治理创新》，中国人事出版社2012年版。

城市服务、工商业活动在内的各种需求做出快速、智能的响应,提高城市运行效率,为居民创造更美好的城市生活。①

(二)网格划分原则

单元网格是智慧城市的基本监督和管理单元,基于城市大比例尺基础地理数据和智慧城市建设需要,按照规定的原则划分的边界清晰的多边形区域。

依据住建部发布的《数字化城市管理信息系统 第1部分:单元网格》规定,单元网格的划分原则包括法定基础原则、属地管理原则、地理布局原则、面积适当原则、现状管理原则、方便管理原则、负载均衡原则、无缝拼接原则和相对稳定原则。

法定基础原则:单元网格的划分应基于法定的城市基础地理数据,其对应的比例尺以1∶500或1∶1000为标准,不应小于1∶2000。

属地管理原则:单元网格的最大边界应为社区(村)的边界,不应跨越社区(村)。

地理布局原则:单元网格应依照城市的街巷、道路、院落、公共绿地、广场、桥梁、空地、水域、山丘等地理布局进行划分,且单元网格的边界不应穿越建筑物和管理对象。

面积适当原则:中心城区单元网格的面积宜为10000平方米左右,其他地区可根据地形特征管理部件密度和管理需要,确定适合的单元格面积。

现状管理原则:不差分单位自主管理的独立院落,应以其完整的院

---

① 巫细波、杨再高:《智慧城市理念与未来城市发展》,载《城市发展研究》2010年第11期。

落作为一个单元网格。

方便管理原则：划分的单元网格，应便于使用安全快捷的交通工具和出行方式实施巡查监督管理。

负载均衡原则：各单元格内管理部件的数量宜相对均衡。

无缝拼接原则：单元格之间无缝拼接、不重叠。

相对稳定原则：单元网格的划分应保持相对稳定。

在网格划分原则的框架下，实际城市网格的划分会把行政边界和自然地貌作为重要的参考因素，由此大部分的网格都是不规则的地理边界。一个社区至少有一个单元网格，由此更好确定对口的管理主体、监督主体和执法主体，理清责任和权利。

对行政区域进行网格划分之后，要依据《数字化城市管理信息系统第 3 部分：地理编码》进行编码，各地区可以依据地方的标准，但是对于编码的网格需要备案，用过的编码就不得在其他地区使用，确保单个地区编码的唯一性，有利于各国家数字化建设数据的协同与共享。

二、国内城市智慧网格化治理实践

（一）上海徐汇区模式——深化应用，强化保障

上海市徐汇区作为"互联网+政务服务"的示范区，是典型的城市网格化治理的案例。2019 年 5 月，徐汇区在完成"格中有人、人能管事"的"智慧网格化 1.0"的基础上启动了升级项目"智慧网格化 2.0"，达成"一人通全岗"的转变目标。

徐汇区智慧网格以"区—街镇—社区"三级联动的目标，构建

"1+13+63+X"的网格化治理架构。"1"代表搭建1个区级智慧网格管理中心,"13"代表13个街镇智慧网格管理中心,"63"代表63个智慧网格管理责任单元,"X"代表312个智慧网格管理工作站。由此形成从社区到街镇再到区级的职能城市治理协调体系。

通过模式再造、块式治理、智慧赋能、网格闭环,徐汇区着力搭建"一梁四柱"的智慧城市建设架构,各部门业务数据覆盖更全面、城市网格化治理更智能、城市运行态势更安全。①

"一梁"是智慧网格管理平台,也是核心枢纽区,由"人脑"和"智脑"组成。智脑是大量数据汇聚的中心,"人脑"则注入大量基层网格工作站的巡逻经验。"四柱"是"一梁"的四肢,精准化的治理稳固智慧网格管理平台的建设。"四柱"由"大平安""大建管""大市场""大民生"四部分组成,涉及城市治理的公共安全、城市运行秩序、食品安全和民生四大领域。该平台与一些第三方技术企业共同形成"管理+咨询+技术"的互动生态圈,共同处理复杂的城市治理问题,人工智能与大数据事业部在此项目中承担项目咨询设计任务。

智慧网格管理平台与政务服务、便民服务和城市管理有机结合,通过政务微信、小程序、支付宝、随身办等APP,既面向市民提供服务,又对内做好管理。

在疫情防控城市治理中发挥强劲力量。最大限度用好人口库、法人库、地理信息库以及道口健康登记、"随申码"、企业复工登记、门磁报警、入境护航等市区相关数据资源,赋能疫情防控和营商服务。启动两个月,累计注册人数达45万,累计访问次数达9000多万次,系统累计自动审核通过居民口罩预约超过112万户,支持2.1万家企业、

---

① 舒抒:《数据跑起来 百姓用起来 治理活起来》,载《解放日报》2020年1月3日。

8548 家商铺、176 家重要工地复工复产复市。①

（二）宜昌市模式——精细核查，服务优先

2011 年开始，湖北宜昌市全面推进网格化治理新模式，构建以人为本、服务为先，网格化治理、信息化支撑、全程化服务的"一本三化"社会治理新体系，在全国率先开创网格化治理的创新模式。

宜昌市按照"市—区—街道—社区"的标准，以行政中心为单位划分街道办，以街道办为中心划分社区，以社区为中心划分网格的模式，将全市划分为 11000 个无缝对接的网格，每个网格配备一名专职网格员负责本网格内的信息采集和综合服务。将采集的信息融合在空间地理信息平台（GIS）上，形成网格化服务综合信息平台。

2017 年将云计算、云存储技术融合到综合信息平台，成功建成全市共建共享的三峡云计算中心，实现全市视频监控信息和网格化服务综合信息在"三峡云"平台上的互联互通。年底视频监控云的容量达到 52.9PB，实现 27000 路 30 天高清视频信息存储能力。网格化服务综合信息平台已实现了与全市 30 多个部门信息实时交换，每天交换比对的数据达 100 万条。②

该模式的优势：其一，实现横向部门与纵向县市区的信息共享，建立核查机制，人员信息与公安局核对，并完善待核查信息的精准度，细化网格员责任。其二，建立民族宗教事务网格化管理信息系统。其三，实施"网格促廉"工程，形成"一网格一党小组一廉情监督员"的模式，

---

① 《打造高效、精准、智慧的城市治理体系 徐汇区城市运行"一网统管"3.0 版年内上线》，载中国政府网 2020 年 4 月 30 日。

② 《宜昌市全面推进"雪亮工程"与网格管理深度融合》，载中国政府网 2017 年 6 月 2 日。

建立网格党小组，进行廉洁督查。

（三）宁波模式——数据驱动，业务协同

宁波市网格化城市管理建设较晚，2014年在宁波市镇海区庄市街道率先开展"网格化管理，组团式服务"试点工作，积累经验并取得成效后，开始在市内全面铺开。据统计，截至2017年，宁波市以行政区划为中心，将全市划分为11989个网格，建立10个县级指挥中心、154个镇街指挥室。在每个网格内，配置一名由村干部或专职社工担任的网格长，一名由乡镇街道机关干部担任的网格指导员和一批以楼道长、志愿者为主体的网格员，根据不同职能设置计生、消防等专职网格员。

宁波市践行"大城管"理念，"协同调度、应急指挥、考评监督、信息服务"作为管理核心进行网格化信息平台的搭建，成功与公安工商、规划、交通等26个部门协同实现资源共建共享。宁波市综合信息系统的建设汇聚了有关房屋、人口等方面的多达4万条数据。基于宁波本地的科技特色，于2015年率先夯实数据基础，推进政务云建设，完善"网格发现问题—上报指挥平台—事件流转处理—网格验收成效"的流程，将结果展示在社会综合治理指挥中心，解决网格内发生的城市问题，形成流畅的"发现、上报、分流、处置、评价和考核"的闭环系统，为搭建智慧化的综合信息系统提供坚实保障。

宁波模式的特色是网格长的设置，强调普通事件外的三级以上事件，需上报到县乡两级综合指挥平台，然后由系统传到相关部门限时处置。未处置问题亮"红灯"，由网格长现场核实，方能关闭事件的系统处置。

(四)深圳南山区模式——科技引领,服务为主

深圳南山区于 2009 年推行城市网格化治理的"一格三员"模式。截至 2014 年,南山区以行政区划为中心进行划分,将现有的 8 个街道 100 个社区划分为 915 个网格,同时配备网格管理员 2745 名。

"一格三员"是将社区细分成若干网格进行管理,每个网格配备协管员、管理员和督导员各 1 名。网格协管员负责对网格内所有不和谐因素的排查和上报,网格管理员对网格协管员采集、排查的信息进行确认和前期稳控,最后由网格督导员配合相关职能科室对矛盾纠纷进行协调和整治。

在社区建立动态的网格信息化管理平台,将相关信息上传,达到对社区的精细化管理,对此产生的数据作为网格成员的每半年一考核的参考依据。①

2014 年,南山区对综合信息平台进行改革,形成"一平台两中心"的模式,整合之前的"一格三员""桃源模式"等基础经验。"一平台"指的是综合信息平台(电子政务平台),"两中心"指的是一体化的行政服务中心和社区服务中心,并于 2016 年开启"互联网+政务服务"引进大数据、云计算等新一代科学技术,大大提升了服务的精准度与效率。

(五)北京模式——综合治理,维稳为主

上文提到北京东城区网格化管理模式,同时在网格化取得成效后在全国进行推广,北京东城区自身也随着经济与科技的发展深化对传统的网格化城市管理进行改革。

---

① 《南山全区推广"一格三员"维稳模式》,载新浪网 2009 年 4 月 10 日。

2010年东城区将原东城区与崇文区合并整合行政划分，进行网格化治理的升级。城市管理中心变为社会服务管理中心。管理的基本框架由保障民生、信息网络系统、组织指挥系统、维稳防控系统、应急系统、考核评价机制构成。网格化社会服务管理组织可分为区社区服务管理综合指挥中心、街道服务管理综合指挥中心、社区服务管理综合指挥中心三级平台。北京是政治、经济、文化中心，其城市具有多元化的特点，更加强调多元共治，由此在网格配置上强调精细化的管理——每个网格配备7名网格管理员。由于政治中心稳定性的重要，智慧网格化治理更强调城市的维稳，由此在网格化管理系统上专门增加了维稳防控系统。北京东城区的智慧网格化治理将党支部建在网格上并配备党支部书记。在网格上进行党员活动，服务人民的生活，同时加强党建引领，发挥了网格的政治优势。

当下东城区正在深度挖掘5G、云计算等新一代信息技术在网格化治理中的应用，深入推进城市网格化大数据标准化。

总结以上经验，我国城市智慧网格化治理有其科学性与先进性。各城市建设智慧网格化治理是不断地摸索与创新的过程，逐步找寻到有各城市特点的管理模式。如北京是政治中心，更加强调城市稳定的监控与维护，深圳是科技城市，充分发挥科技引领作用，更加强调对居民的服务智能化。

首先，各城市在建设智慧网格化城市的过程中深入推进依法治理，做到了网格中相关主体发现问题—上报问题—解决问题—问题的反馈与监督—责任承担，都有相应的法律法规和标准进行规制。其次，各城市在建设网格化治理中，充分发挥政府主导力量，贯彻多方共治的原则，形成政府、企业、社会组织和公众的共同治理的城市治理格局。最后，各城市充分响应国家"互联网+"的号召，积极引入大数据、云计算、物联网、人工智能等新一代信息技术，建立健全大数据辅助科学决策和社会治理的机制，推进政府管理和社会治理模式创新，实现政府决策科学化、社会治理精准化、公共服务高效化，逐步探索出智慧网格化治理的评价机制与责任归责机制，完善网格化治理的闭合链。

三、智慧网格化治理存在的问题

智慧化网格建设是智慧城市建设的最后一公里。我国各城市也处于如火如荼加强智慧网格化治理之中。首先，我们需要肯定网格化治理破解了传统城市管理的综合协调和综合执法的难题，创新城市管理的方式，加强了城市管理的手段，改变了城市管理的固化思维等问题。其次，智慧网格化治理是旧式的网格化管理的创新，是实现简政放权、放管结合优化服务的有力支撑。在新一代信息技术赋能的情况下，更加强调部门跨层级的互通和协作。重点解决群众办事难的问题，简化办事流程，优化办事程序，提高服务效能。最后，智慧网格化治理是建设智慧城市不可或缺的部分，是人们共建美好城市的必经之路。

但是，当下我国智慧网格化治理仍然存在一些问题，亟待不断完善与改进。主要问题为服务感知失灵、运营保障缺位、信息支撑断档和绩效产出不足。

（一）服务感知失灵

智慧网格化城市建设中往往只见"数字"不见"城市"，智慧网格化城市的建设以新一代信息技术为辅助，构建"以人为本，服务优先"的智能美好城市。过分地挖掘技术本身，将导致基本的诉求的削弱，从而偏离建设智慧城市的最终目标。

智慧化城市建设是一个复杂的系统，包含了城市的信息化基础设施，城市的治理系统与人文系统，涉及政治、经济、人文、技术等多个方面。我国的智慧网格化治理建设之中，居民的参与度并没有达到较高水准。这样的实践确实使智慧网格快速建立，在城市治理中发挥了不错的成绩，但是一旦地方政府视智慧城市为"政绩工程"，注重投资购买容易量化的信息基础设备，以产品技术的领先彰显成效，会容易忽视人民的真实诉求。

从可持续的视角来看，智慧网格化治理的终极目标是服务于人，一旦错误便要把其拉回原来的轨道，在此过程中无疑会浪费大量的财力、人力以及物力。

（二）运营保障缺位

我国智慧城市建设起步较晚，缺乏丰富的建设经验，在摸着石头过河中不断完善治理模式，同时也出现了运营方面的问题。

各城市宣传智慧化城市促进政府之间数据共享的融合。实际上，政府部门之间仍然存在共享难、协商难的现状。人民缺乏共建共享意识，参与度不高，难以形成多方共治的格局。

智慧网格化治理的核心部分是数字辅助，但是信息化技术的运用需要大量的运转经费，经费的缺失会使智慧化的建设大打折扣。主要原因包括，其一，企业对科技的赋能定价标准不一。其二，政府缺乏明确的验收标准和客观的第三方机构对智慧城市各个项目进行评估，引起不必要的损失和资源消耗。其三，网格管理员是基础单元网格之中最重要的一部分，但是大部分网格管理员工作辛苦且福利待遇较低，可能使基层传输的信息缺失或者不够准确，导致进一步推动智慧网格化治理难的问题。其四，政府智慧网格化治理相关部门的工作人员，大多是非主修新一代信息技术专业人员，在系统出现故障时难以及时处理，长期依靠企业力量供给。

智慧网格化治理高度依赖于基础设施的建设，基础技术不达标，智慧城市网格化治理的推动就慢。政府应该加强对企业的创新驱动，鼓励企业发展大数据、人工智能等新一代信息技术。

（三）信息支撑断档

城市智慧网格化治理的建设运用了大数据、人工智能等技术，政府因网格化治理收集了大量的数据，且政府的数据具有更高的真实性，对大数据技术的研究具有较高的价值。

但是在数据收集且存储后，大部分政府对数据分享或公开得还不够，数据孤岛、数据烟囱现象仍然存在。共享不足给信息技术应用带来阻碍。同时，现代化城市数据收集大多落在基层工作者网格管理员肩上，工作强度大且繁琐，比如在数据收集过程中，一旦出错将会产生一系列"蝴蝶效应"——基础数据的错误，将导致大数据分析的错误，分析错误将达不到城市治理的理想效果。大数据分析技术往往是建立在大量的数据上，进行清洗与分析后很难找到单条数据，一是因为当前技术难以纠正错误，二是数据进行修改后，之前的处理将可能无效，由此产生巨大的经济损失。确保基础数据的准确性是网格管理员的重要职责。

数据的大量积累，也存在安全隐患，国内外都有大量的实例显示政府数据的泄露或者政府数据被攻击。如 2017 年 11 月，五角大楼 AWS S3 配置错误，意外暴露 18 亿公民信息；2017 年 9 月，美国信用机构 Equifax 遭入侵，近半用户信息泄露等。数据安全问题引发思考，各国相继制定数据保护法，如欧盟的《通用数据保护条例》、美国的《加利福尼亚州消费者隐私法案》，以及我国的《关键信息基础设施安全保护条例》。对此我们对数据安全问题应该进一步强化安全保障技术，规范立法的保障。

（四）绩效产出不足

国内大多数城市都在建设或者正在建设以智慧化网格为基础的智慧城市，但是绩效明显不足。只有少部分的超大型城市能够享受到真正的智慧城市，大多数城市的智慧建设并不理想，城市大部分交通信息灯并没有智能化，仍然停留在普通信号灯的原状，部分城市居民家庭没有安装智能水表、电表和天然气表，智慧化程度还远远难以达到目标。部分现代化城市建设仍然停留在"重建设投入，轻绩效提升"，对自有品牌打造不足的状态。

四、现代化城市治理的智慧网格化治理体制机制构建

智慧网格化治理是将深度挖掘、5G、云计算、人工智能等新一代信息技术运用到传统的网格化城市管理的创新。更注重以人为本、统筹协调，安全可控。

基于上文的分析，现代化城市治理的智慧网格化治理机制的构建，不仅要引进新一代的信息技术，更要解决网格化治理或者初级智慧网格化管理存在的问题。

针对服务感知失灵问题，引进人工智能等技术自动感知服务识别，增进主动发现、被动发现与科学技术的服务感知能动，增强智慧城市建设的服务意识。城市充分发挥政企联动，制定相关法律法规，对服务定价做出规范化的规定，以此成为政府购买服务的标准；政府需要

关注智慧网格化治理中的网格管理员的动态，确立相关的监督与评价机制，增加网格管理员的福利待遇及薪资。借鉴上海 SODA 开放数据创新应用大赛的模式，进行赛制规划，鼓励企业创新、高校创新，以解决运营保障的缺位。完善我国相关法律法规体系，明确相应的司法解释，配备相应的程序法早日将数据安全保护纳入实践之中，将法律规制保障落入实处。加大网络安全法人才培养，增强大数据安全研发技术的资金投入来减轻大数据安全隐患。加大数据管理员的技术培训，增强福利待遇，以此加强基层数据收集的精准性，来解决信息支撑断档的问题。确立相关监督与评价机制应对绩效产出不足的难题。

基于以上问题的解决与创新发展，本书认为智慧网格化治理的总体架构设计包括系统设计、管理决策与需求感知三个层次。系统设计需要自上而下与自下而上相结合。自上而下是政府统筹规划构建宏观的框架，为系统的设计整体提供方向和目标。自下而上设计旨在增强居民的参与度，将城市管理与实际需求紧密结合，形成由基础设施、数据融合、场景应用、标准评价及运营发展五个组成部件构成的城市运行核心。[1]

城市管理的决策分析需要针对城市数据多元异构的时空多维特性，一方面考虑时间与空间两个维度的数据演化特性分析居民需求特征，另一方面利用不同维度间的数据关联关系（如图 2）收集城市服务需求和地区实际情况，科学分配城市服务资源，实现城市服务向均等化、多元化、精细化方向的供给侧改革。[2]

---

[1] 陆军、黄伟杰等：《智慧网格创新与城市公共服务深化》，载《南开学报（哲学社会科学版）》2020 年第 2 期。

[2] 陆军、黄伟杰等：《智慧网格创新与城市公共服务深化》，载《南开学报（哲学社会科学版）》2020 年第 2 期。

服务感知首先要从根本上解决服务感知的失灵；其次要充分运用新一代的信息技术，考虑各地特色进行自动感知服务的识别，由此形成主动发现、被动发现，以及人工智能自动发现三方联动，对服务进行充分的识别。对城市系统的全面认知与掌握，有利于提高城市管理系统的响应速度和运用效率，充分利用城市服务资源发挥公共服务供给的社会价值。

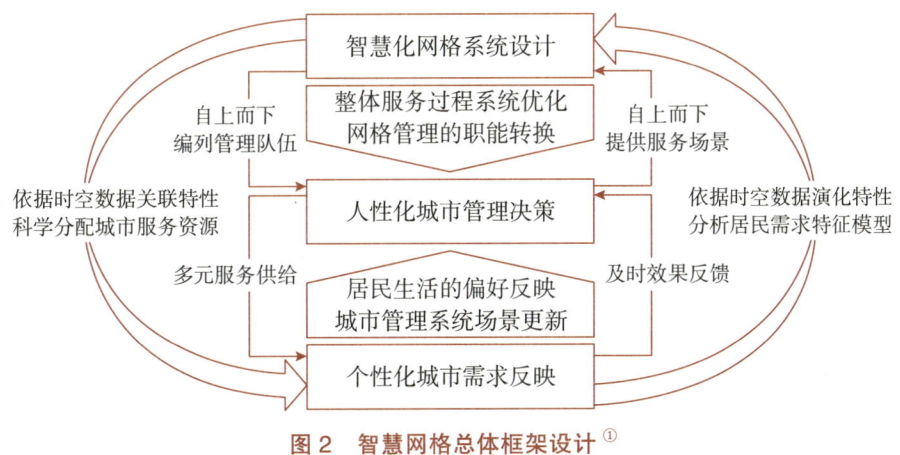

图2 智慧网格总体框架设计[①]

[①] 陆军、黄伟杰等：《智慧网格创新与城市公共服务深化》，载《南开学报（哲学社会科学版）》2020年第2期。

第九章
现代化城市治理需要加强国际合作

新冠肺炎疫情在全球肆虐，凸显非传统风险问题对现代化城市治理、国家安全、国际贸易的巨大冲击。传统的地缘政治风险、军事冲突风险与公共卫生、能源、粮食、气候变化等非传统风险挑战复杂交织，联动升温，国际局势进入风险频发期，国际贸易风险不断增加，对城市治理、国家治理以及全球治理体系构成严重挑战，世界各国都将面临城市治理、国家治理和全球治理能力相互协调联动的问题。树立全周期管理意识，加强现代化城市治理，将对解决非传统风险带来的各种问题有很重要的现实意义，也是加强国际合作构建共建共治共享的人类命运共同体的重要途径之一。我们需要正视非传统风险日益严重威胁全人类的生存和发展问题，正确把握非传统风险含义特点，深入学习贯彻总体国家安全观，树立全周期管理意识，提高城市现代化治理能力，加强国际合作，构建共建共治共享的人类命运共同体，积极对抗非传统风险。

第一节 非传统风险威胁全人类的生存和发展

一、非传统风险概述

（一）含义

非传统风险，此处主要是指除军事、政治和外交冲突以外的其他对主权国家及人类整体生存与发展构成威胁的因素。一般认为，国家行为主体对国家的主权和利益以及个人、群体和全人类生存和发展具有军事、政治威胁和侵害的是传统风险。非传统风险与传统风险不同，它具有跨国性、不确定性、突发性和动态性等特点。但是，并非所有的社会问题和一些突发事件都可以称为非传统风险问题，例如交通堵塞、失业和贫困、暴力事件、犯罪盗窃等问题，当然也不排除它们演化为非传统风险的可能性。非传统风险主要表现为经济问题、金融问题、生态环境问题、信息问题、资源问题、恐怖主义问题、武器扩散问题、疾病蔓延问题、跨国犯罪问题、走私贩毒问题、非法移民问题、海盗问题、洗钱问题等。典型如正在全球肆虐的新冠肺炎疫情，不仅强化了国际形势业已显现的若干趋势，加剧了国际关系中既有的各种矛盾，而且还给国际环境带来了更多的不确定因素，使现代化城市治理难度加大，也使全球面临更多的风险和挑战。

（二）特点

随着社会的发展，现代化城市表现出人口众多、经济体量大，各种要素密集，人流、物流、信息流、资金流快速流动等特点。在正常社会状态下，这是现代化大城市的典型竞争优势，但是在危机状态下，这些又会变成面对非传统风险的劣势。非传统风险在现代化大城市这样一个高度密集的区域，会快速集聚、快速爆发与快速扩散。因此，树立全周期管理意识、提高城市现代化治理能力，需要正确认识非传统风险的主要特点：

1. 跨国性

非传统风险的产生和解决往往不仅影响到一个城市、一个国家，甚至会影响到其他许多国家甚至整个人类，会对一个国家和其他很多国家的生产生活造成不同程度的损害。

首先，许多非传统风险本身就属于"全球性问题"。如新冠肺炎疫情对全球人民生命健康都造成了严重威胁，剧烈冲击了全球的经济和安全，使人类面临空前危机。很多城市、国家按下了暂停键，疫情以及由此引发的一系列次生灾害频繁出现，交互影响，加剧放大疫情的冲击力，给许多国家甚至全世界带来前所未有的压力。

其次，许多非传统风险具有明显的扩散效应。如今全球经济日益高速发展，人员、物资、商品、服务都在高速流动，行业之间、国家之间交流关系更加紧密，非传统安全问题的"蝴蝶效应"十分显著。一方面很多非传统风险在空间上突破了城市范围和国家界限，在全国甚至世界范围内发展、蔓延。在非传统风险面前，任何个人、城市和国家难以置身事外、独善其身。另一方面又突破了部门或行业界限，表现出从一个行业或领域影响到另一个行业或领域的趋势，造成大范围的连锁反应，应对和治理难度非常高。如在东亚、拉美先后爆发过的金融危机，始于一个国家，而最终波及整个地区，而且随着其不断扩散，其危害性也逐渐积聚、递增，以致酿成更大危机。

2. 不确定性

非传统风险不一定来自某个主权国家，往往由非国家行为体如个人、组织或集团等所为。与本文所指的非传统风险相对应的传统风险的核心是军事风险，主要表现为战争及与之相关的军事活动和政治、外交斗争。非传统风险远远超出了军事领域的范畴。

首先，大部分非传统风险属于非军事领域，例如，与经济领域相关的资源短缺、能源危机、非法洗钱、金融危机，与公共安全领域相关的贩运毒品、有组织犯罪、传染性疾病，与自然领域相关的自然灾害、环境污染等，都不是各个地区与国家所关注的传统风险领域。

其次，某些非传统风险如恐怖主义、武装走私、海盗活动等虽然表现出暴力性特征，并可能需要采取一定的军事手段应对，但不属于单纯的军事问题。因为它们与带来传统风险的战争、武装冲突仍有很大不同，而且单凭军事手段也不能从根本上解决问题。非传统风险的多样性，使其较传统风险更为复杂，靠单一手段难以根治。

3. 突发性

传统风险威胁从萌芽、酝酿、激化到导致武装冲突，往往会通过一个矛盾不断积聚、性质逐渐演变的渐进过程，会表现出许多征兆，人们可据此采取相应的防范措施。然而，许多非传统风险却经常会以突如其来的形式迅速爆发出来。

一方面，不少非传统风险缺少明显的征兆。从20世纪80年代出现的艾滋病，到近年来的疯牛病、口蹄疫、非典、埃博拉病毒，以及目前仍在肆虐的新冠肺炎等，当人们意识到其严重性时，已经造成很大危害。

另一方面，人类对某些问题的认识水平还有局限。如气候变化引发的自然灾害，其发生前并非全无征兆，但由于人类在探索自然方面尚有不足，并且由于经济和科技发展的限制，许多发展中国家缺乏对灾害的早期预警能力。

4. 动态性

一方面，非传统风险因素是不断变化的，例如，随着科技和医疗技术的发展，某些之前影响巨大对人类造成严重损害的疾病已经可以预防或控制，此时将不再成为国家和全人类发展的风险威胁。

另一方面，非传统风险与传统风险相互交织、相互影响，并在一定条件下可能相互转化。例如，战争造成的难民问题、环境破坏与污染问题等非传统风险问题就是传统风险问题直接或间接引发的后果。而且，一些传统风险问题可能演变为非传统风险问题。如恐怖主义的形成，就与霸权主义所引发的抗争心态，领土、主权问题导致的冲突和动荡，民族、宗教矛盾形成的历史积怨等传统风险问题有着密切关联。

（三）非传统风险问题的历史背景

非传统风险早已存在，并不是一个新生问题。公元前4世纪的古希腊就出现了一些恐怖活动；贩毒、海盗、严重传染性疾病等问题都并非始于今日，自然灾害更是始终与人类历史相伴随；20世纪70年代初"罗马俱乐部"发表的《增长的极限》等著名报告中，也已经就环境安全问题发出了警告。近几年，世界各国开始越来越关注非传统风险带来的威胁，越来越认识到非传统风险带来威胁的问题严重性。非传统风险之所以由原先潜在、局部的威胁问题，演变成全球性的现实威胁，有其复杂深刻的历史背景和成因，主要有以下四个方面：

首先，更多的矛盾和危机由于国际政治秩序的长期不公正而触发。中国一向认为国家之间应平等相待、和睦共处。联合国宪章和国际法准则也要求，国家不论大小、强弱、贫富，都一律平等。但历史上形成的国际旧秩序造成长期存在严重的不公正问题，成为诱发恐怖主义等非传统风险的重要因素。帝国主义、殖民主义自近代以来对发展中国家的压迫和剥削，至今仍遗留下很多历史问题，一些地区的热点纷争、冲突和动荡，为恐怖主义滋生提供了温床。当前，一些国家在国际事务中推行霸权主义，在反恐斗争中奉行双重标准，从一己私利出发，而严重忽略其他国家和民族的利益，从而引发了一些群体采取极端手段进行抗争。国际秩序的严重不公会让恐怖主义这样的恶果不断出现。

其次，世界经济发展长期存在着严重的不平衡，这也在一定程度上造成了更多不安全风险因素的产生。中国先贤历来认为贫富差距悬殊是导致矛盾和冲突的重要根源。中国古代著名政治思想家孟子就曾说过："大贫则忧，忧则为盗。"在加强国际合作、促进共同发展的同时，经济全球化也进一步加剧了贫富差距。然而，处于被进一步边缘化境地的情况让很多发展中国家感觉到了巨大的危机。同时，世界经济发展的失衡导致有些国家极端贫穷和落后，为恐怖主义的滋生和蔓延提供了土壤。一些发展中国家内部矛盾也因此不断加剧，削弱了国家去应对危机和抵御自然灾害、严重的传染性疾病和跨国犯罪等威胁的能力，难民和非法移民数量也由此急剧增加。

再次，人类不断发展，使其与自然环境长期处于失衡的状态，导致更多的环境安全问题出现。美欧等西方国家自工业革命开始，就把"先建设、后治理"的发展道路提上了日程，快速发展不可避免地对环境造成了损害。这种发展模式导致人类面临日益严峻的环境安全问题。研究表明，近半个世纪以来，发生自然灾害的频率明显提高，强度也在逐渐增加。20世纪60年代时，全球每年自然灾害发生的次数为

100次左右，现在则达到每年500次以上，相比之下提高了4倍，仅在1974年至2003年间，全球就发生6367次重大自然灾害，平均每年200次以上。人与自然关系一直处于严重失衡的状态，加剧了环境的损害，对人类整体的生态利益产生了极大的威胁。

最后，国家间关系的快速发展与国际危机防范机制建设二者不相匹配，各类非传统风险构成产生严重威胁后难以遏制。20世纪中后期以来，随着经济全球化的加速发展，生产要素的流动和产业转移，各国之间的相互依存度越来越高。这为各国经济发展带来了许多有利条件，但也造成了经济金融风险的起伏不定，跨国犯罪日益猖獗，传染病传播范围和速度的明显增加。为消除这些负面影响，国际社会做了大量努力，但尚未形成完整、系统的国际防范机制。一旦某一国家或地区发生危机，就会产生"蝴蝶效应"，影响范围加大，并导致类似危机不断叠加。例如，在过去20年里，世界各国经历了100多次金融波动、冲击和危机，其中许多次危机已经波及全球，但迄今尚未真正建立起防范金融危机的国际机制。

近些年来，各国都致力于反恐、卫生防疫、防灾减灾、打击跨国犯罪等领域，并且已经取得了很大成果，但非传统风险的成因十分复杂，很难短期内完全解决，有的非传统风险还呈现出愈演愈烈的苗头，极大威胁了世界的和平与发展。那么，到底应该如何应对这些挑战，切实为维护世界和平、促进共同发展这个目标贡献力量，为各国人民营造一个稳定和谐的家园，已然成为当今值得认真思考和解决的重大问题。

（四）非传统风险威胁与传统风险威胁的区别

自党的十八大以来，完善国家安全制度体系，将统筹"传统安全和非传统安全"作为总体国家安全观的重要内容,成为应对非传统安全风险的根本遵循思想。当今,世界正处于百年未有之大变局,越是接近实现民族伟大复兴的目标,我们面临的前进阻力和战略压力就越大。我们必须深入学习贯彻总体国家安全观,严密防范化解传统安全风险,去面对风云变幻的国际形势和严峻复杂的安全风险。同时,更加注重防范化解非传统安全风险,切实维护国家安全。正确理解传统风险威胁和非传统风险威胁,对深刻理解十八大精神,更好地应对各类风险,维护国家和社会利益具有重要意义。

1. 从概念上看

首先,传统风险与非传统风险的内涵不同:传统风险主要是指一些传统意义上的高政治安全问题,是国家面临的军事威胁及威胁国际安全的军事因素。非传统风险是相对传统风险威胁因素而言的,指人类社会过去没有遇到或很少见过的不很突出的安全威胁,是除军事、政治和外交冲突以外的其他对主权国家及人类整体生存与发展构成威胁的因素。

其次,传统风险与非传统风险的外延不同:按照威胁程度的大小,传统风险威胁可以划分为军备竞赛、军事威慑和战争三类。而战争又可以分为世界大战、全面战争与局部战争,国际战争与国内战争,常规战争与核战争,等等;按照所威胁的对象,又可以划分为国防问题、领土纠纷、主权问题、国家之间的军事态势问题等。而与之不同的是,经济安全、金融安全、人口爆炸、生态环境安全、信息安全、资源安全、恐怖主义、武器扩散、疾病蔓延、跨国犯罪、走私贩毒、非法移民、海盗、洗钱等则是非传统风险引发的主要问题。

2. 从特点上看

首先,来源和行为主体存在着很大区别:传统风险的行为主体和来源相对比较明确，一般都是来自主权国家之间的利益冲突与纷争，主要是国家和政府行为的结果。由非传统风险导致的安全问题的行为主体和渊源则更具多样性，许多非传统风险引发的威胁都不是国家行为直接造成的，而是各类非国家行为体活动的结果。如恐怖主义就是由许多个人、组织或集团等所为。

其次，表现形式不同：非传统风险引发的安全问题具有更强的社会性、跨国性和全球性。非传统风险问题不仅是某个国家存在的个别问题，而且是关系到其他国家或整个人类利益的问题；不仅是对某个国家构成风险威胁，而且可能对别国的国家安全造成不同程度的危害。因为非传统风险引发的安全问题同特殊社会群体的个人行为直接相关，而特定人群活动范围随着人类社会交往和联系的日益发展在不断地扩大。这样非传统风险引发的安全问题就很容易超越国家之间的政治、地理、文化界限，从一个国家和地区向其他国家和地区蔓延，使这些问题在世界范围内繁衍、嬗变和扩散，使个别国家的问题演变成全球性的问题。

最后，侵害客体不同：传统风险带来的威胁主要关系到民族、国家与政权的生死存亡，而非传统风险问题带来的威胁主要关系到人类的生存、社会的发展和环境的保护。

3. 从背景上看

首先，政治背景不同：冷战结束和两极对抗格局终结之后，非传统风险威胁的问题日益突出。两极军事对峙格局消失使国际社会遭受全面军事对抗和整体毁灭的可能性大大降低，使世界大战的阴影逐渐消散，但是，过去被两极对抗所掩盖的种种矛盾在冷战后迅速露出水面，其中相当一部分就是非传统风险引发的问题，如环境污染、恐怖主义等。传统风险威胁是在国际关系的形成和发展初期以及冷战时期成为突出问题的。

其次，经济背景不同：传统风险威胁的突出是在工业文明的兴起和发展初期以及经济全球化起步时期显现的。非传统风险威胁是在经济全球化迅猛发展下产生的。经济全球化对整个世界的效应实际上是一把"双刃剑"，一方面它可以实现资源的最优配置，进而给世界各国都带来好处，并可以使各国从世界的共同进步中获得更多的补偿，解决个别国家无法凭借自身努力而解决的问题。但是，经济全球化进程的加速，也扩大了世界性的不平等和贫富差距，世界各国发展的脆弱性在极大增加，以及引发一些国家内部的危机和动乱，促使一些犯罪活动的国际化与恐怖主义的全球网络化等全球性问题出现。

4. 从办法上看

首先，解决问题的安全观不同：旧安全观与解决传统风险威胁相适应。以国家为单位来划分敌友界限，合作成员国相互间常以结盟等方式搞集体防卫或集团安全，注重以威慑、遏制等手段来制约潜在对手，这些是旧安全观的突出特点。这种安全观经常以牺牲他国的安全利益来实现部分国家自身的安全，具有很强的排他性。新安全观是在解决非传统风险威胁的过程中产生的，淡化了排他性的安全合作，强化共同安全，通过加强国家间的对话与协作，树立以互信、互利、平等、协作为核心的观念，建立防范和解决传统与非传统风险威胁的国际安全新体系。

其次，二者解决问题的手段和途径的侧重点有很大不同：与解决传统风险相比，解决非传统风险的手段更强调其综合性，国家间更强调其合作性。非传统风险涵盖领域比传统风险更广泛，不能仅仅通过单一军事手段或以军事手段为主的手段，而需要综合运用政治、经济、外交、法律、科技等手段去加以应对。国际社会应根据实际需要，必须从共同安全出发，积极对话，采取形式多样的合作方式，切实推进和发展安全合作。

（五）非传统风险对现代化城市治理提出了严峻挑战

改革开放几十年来，中国的城镇化进程非常快。一方面，随着人口向特大城市聚集，经济社会快速发展。另一方面，伴随着城市规模扩大和人口急剧增长，新产业、新业态、新领域大量涌现，城市运行系统膨胀，安全风险抬升，现代化城市治理难度也快速提高，不断面临新挑战。

疫情是发病率或者死亡率高的传染疫病突然发生，迅速传播，并对公众身体健康与生命安全造成危害的社会公共危机。一旦疫情发生在超大城市和特大城市，疫情防控、风险应对就尤为复杂、困难。

（六）非传统风险威胁全人类的生存与发展

非传统风险对世界和平与稳定造成的损害巨大。在2001年的"9·11"事件中近3000人丧生，超过了美国在当年珍珠港事件中的阵亡人数。国际有关机构统计，现在全球死于艾滋病的人每年高达250万至350万；有关研究还显示，1974年至2003年的30年里，全球发生的重大自然灾害造成至少200万人死亡，1.8亿人流离失所。2004年12月，印度洋大海啸导致近30万人丧生，给有关国家造成的经济损失更是难以估量，仅斯里兰卡一国就达到13亿至15亿美元，占到其经济总量的6.5%。

综上所述，尽管许多非传统风险威胁看上去没有战争那样硝烟弥漫，但是有时候非传统风险比战火纷飞的传统风险给人类带来的危害更严重，甚至会对世界发展和人类生存产生严重威胁。与非传统风险相比，非传统风险的分布范围更广和危害样式更加多样化。因而，非传统风险威胁全人类的生存与发展，对世界和平与稳定提出了更大的挑战。以新冠肺炎疫情为例，非传统风险具有跨国性、不确定性、突发性、动态性等特点，对世界各国国家治理和城市治理产生了损害结果大、控制难等威胁，面对此风险各国不能独自解决，也不能独善其身，需要各国携手合作共同应对，即应对非传统风险问题需要加强国际合作，将威胁减少到最低限度。正如2020年2月23日习近平总书记在统筹推进新冠肺炎疫情防控和经济社会发展工作部署会议上的讲话中指出，公共卫生安全是人类面临的共同挑战，需要各国携手应对。习近平总书记时刻关注国内外疫情形势，高度重视抗疫国际合作，多次作出重要指示批示，频频开展元首外交，从构建人类命运共同体高度，推动疫情防控国际合作。

二、贯彻总体国家安全观，树立全周期管理意识，积极对抗非传统风险

现代城镇化率比较高，城市人口密集，人员流动规模大等，城市的治理关系到国家的治理。城市治理目前面临着传统与非传统风险的威胁，特别是非传统风险给城市治理带来了重大威胁，是世界各国面临的共同问题和危机。当前的新冠肺炎疫情，是新中国成立以来发生的传播速度最快、感染范围最广、防控难度最大的一次重大突发公共卫生事件，是对国家治理能力的一次大考，更加凸显了非传统风险对城乡治理和国家总体安全的重大影响。疫情发生以来，习近平总书记高度重视，在赴湖北省武汉市考察疫情防控工作时强调要树立全周期

管理意识和提高城市治理能力。习近平总书记的重要讲话，为我们防范化解包括生物安全在内的非传统安全风险提供了重要遵循，也为我国提高城市治理能力提供了新理念，指明了新方向。

随着我国城镇化的快速推进，现代化城市治理面临着需求总量增加、服务覆盖面扩大、非传统风险领域剧增等问题，这对治理现代化城市提出了更高的标准和要求。现代化城市治理是一项系统性工程，城市治理现代化水平受多方面因素的影响，是多种因素综合作用的结果。其中，思想认识不到位是影响城市治理现代化的重要因素，治理方式方法的不当也影响了城市治理现代化水平的提升。此外，外部环境也是比较重要的影响因素。因此，要树立全周期管理意识，在党建引领下推进社会治理创新，不断提高城市现代化治理水平。

现代化城市治理是国家治理的重要组成部分，国家治理是全球治理的重要内容。2020年9月22日，国家主席习近平在第七十五届联合国大会上发表重要讲话："人类社会发展史，就是一部不断战胜各种挑战和困难的历史。新冠肺炎疫情全球大流行和世界百年未有之大变局相互影响，但和平与发展的时代主题没有变，各国人民和平发展合作共赢的期待更加强烈。新冠肺炎疫情不会是人类面临的最后一次危机，我们必须做好携手迎接更多全球性挑战的准备。"这次新冠肺炎疫情为现代化城市治理防范化解非传统风险敲响了警钟。我们完善现代化城市治理体系，需要以总体国家安全观为指导，树立全周期管理意识，构建人类命运共同体积极对抗非传统风险，为全面建成小康社会提供坚强保障。

第二节　加强国际合作　构建共建共治共享的人类命运共同体

一、践行人类命运共同体理念

共同体是人类生存与发展的基本方式，也是人作为一种社会的存在进行其实践活动的重要标志。[①] 应对非传统风险的城市间合作机制、国家间合作机制在世界各地区不断兴起和发展，多样化复杂化的非传统风险威胁的出现也拓宽了我们对人类命运共同体的认知，对于全球性的非传统风险如气候变化、传染性疾病、恐怖主义等来说，任何国家都不能幸免，预防和治理都离不开国家间各行为体的非传统安全合作，构建人类命运共同体的必要性日益凸显。

2020年9月22日，国家主席习近平在第七十五届联合国大会一般性辩论上发表重要讲话说："这场疫情启示我们，我们生活在一个互联互通、休戚与共的地球村里。各国紧密相连，人类命运与共。任何国家都不能从别国的困难中谋取利益，从他国的动荡中收获稳定。如果以邻为壑、隔岸观火，别国的威胁迟早会变成自己的挑战。我们要树立你中有我、我中有你的命运共同体意识，跳出小圈子和零和博弈思维，树立大家庭和合作共赢理念，摒弃意识形态争论，跨越文明冲突陷阱，相互尊重各国自主选择的发展道路和模式，让世界多样性成为人类社会进步的不竭动力、人类文明多姿多彩的天然形态。"

[①] 余潇枫、王梦婷：《非传统安全共同体：一种跨国安全治理的新探索》，载《国际安全研究》2017年第1期。

可见，全球层次的人类命运共同体形成主要为了解决全球性的风险威胁，以网络安全、公共卫生安全、气候环境等领域的威胁应对为主。在人类命运共同体中，除了国家行为体，地方政府、国际组织、智库、学术团体等非国家行为体也积极参与并发挥着重要作用。就非传统风险的全球治理来说，全球性的非传统风险威胁是扩散于世界、无人可以逃逸、无人可以追责的威胁，各国所面临的是人类整体性的"资源性"威胁困境，如果没有人类命运共同体的理论化建构与共同性应对，没有超越国家主权局限的更大范围内的非传统安全共同体的建构，人类将陷于全球化与逆全球化相互交叉背景下的新困境而难以自拔。

2020年9月8日，习近平总书记在全国抗击新冠肺炎疫情表彰大会上发表重要讲话说："抗疫斗争伟大实践再次证明，构建人类命运共同体所具有的广泛感召力，是应对人类共同挑战、建设更加繁荣美好世界的人间正道。新冠肺炎疫情以一种特殊形式告诫世人，人类是荣辱与共的命运共同体，重大危机面前没有任何一个国家可以独善其身，团结合作才是人间正道。任何自私自利、嫁祸他人、颠倒是非、混淆黑白的做法，不仅会对本国和本国人民造成伤害，而且会给世界各国人民带来伤害。历史和现实都告诉我们，只要国际社会秉持人类命运共同体理念，坚持多边主义、走团结合作之路，世界各国人民就一定能够携手应对各种全球性问题，共建美好地球家园。"

由此，全球加强国际合作构建共建共治共享的人类命运共同体是人类应对非传统风险威胁的必然探索。

二、树立全周期管理意识应对世界百年未有之大变局

(一)百年未有之大变局

党的十八大以来,习近平总书记以深邃的战略眼光洞察当今世界发展规律,提出"百年未有之大变局"的重要论断。习近平总书记在中央外事工作会议上深刻指出,我国处于近代以来最好的发展时期,世界处于百年未有之大变局,两者同步交织、相互激荡。

当前,一方面许多发展中国家在发展过程中长期依附于发达国家、独立自主发展的机会被不断削弱,另一方面发达国家凭借各种政治经济特权享受着其所带来的额外收益、资本精英在经济全球化的国际竞争中大举获利。这都引发了国际关系中形式各异的冲突与对抗,如当前"国际形势变乱交织,不确定、不稳定因素显著增强"[①],民族主义、民粹主义和恐怖主义蔓延肆虐,保护主义、单边主义和反全球化逆流而动,不仅广大发展中国家对不合理的国际政治和经济秩序不满,西方世界内部亦因利益受损而充满矛盾,世界处于百年未有之大变局,国际秩序将逐步发生变化。

全球大变局的本质在于国际秩序的重塑,即基本上由美国为首的西方发达国家所主导的国际秩序,近年来发生了一系列剧烈变动与调整。全球大变局主要来自两个方面:一方面,主导建立战后国际秩序的美国接连退出了多个国际组织和条约,大搞单边主义和保护主义,破坏多边贸易体制和全球治理体系,给全球带来剧烈冲击与震荡;另一方

---

① 中国国际问题研究院编著:《国际形势和中国外交蓝皮书(2019)》,世界知识出版社 2019 年版。

面，以中国为代表的新兴经济体群体性崛起，并坚定维护多边主义和自由贸易原则，积极推进全球化良性健康发展，大力推动全球治理体系朝着更加公正合理的方向发展。在全球大变局中，最突出的冲击是全球政治觉醒，其带来的世界秩序重构围绕着和平赤字、发展赤字、治理赤字展开，中国应该确立存量巩固、增量改革、智慧创新的国家战略。此时，全球治理体系面临转型，给中国的"有所作为"提供了机遇，而中国内在的发展需求也为中国参与全球治理提供了动力。中国应充分利用自身在市场基础、技术创新、治理理念等方面的优势，尽快在核心技术上形成突破，抓住机遇与挑战，进一步参与并推动现代化城市治理、国家治理和全球治理的进程。

（二）树立系统理念和全周期管理意识，加强城市合作应对各种风险

现代化的大城市由于人口和财产高度集中，对城市生命线系统高度依赖，因而成为易受环境灾害、经济波动、社会动荡等非传统风险因素影响的脆弱系统。非传统风险问题使得城市区域范围的管理内容大幅增加。树立全周期管理意识，加强现代化城市治理，将对解决非传统风险带来的各种问题有很重要的现实意义，也是加强国际合作构建共建共治共享的人类命运共同体的重要途径之一。

自然灾害、气候环境变化、传染病、恐怖主义等成为国际非传统风险的主要议题。越来越多的社会各阶层人员开始关注非传统风险问题给大城市治理、国家治理和全球治理带来的影响。随着非传统风险问题的重视和现代化城市治理理念的推广，城市之间基于技术、管理、政策等方面的合作交流不断增加。而全球可持续发展等方面的共同诉求和城市治理程度的差异要求城市网络在其中起到纽带作用，也为加

强现代化城市治理、书写构建人类命运共同体的新篇章添上浓墨重彩的一笔。

三、应对新冠肺炎疫情等非传统威胁加强世界卫生组织等国际组织的领导作用

新冠肺炎疫情发生后，世界卫生组织发挥了重要的领导和协调作用，在帮助发展中国家应对疫情、提供专业准确的信息和建议、为有需要的地方提供基本防护设备的供应、培训卫生工作者以及疫苗研发等方面，体现了权威性和专业性。联合国教科文组织在新冠肺炎疫情造成多国学校停课，学生无法以正常方式继续学业的情况下，发布了指导全球学生居家规划远程学习的建议。此外，联合国教科文组织还发起多项倡议，支持疫情危机下的文化产业。世界银行集团调配大量资金，帮助各国保护贫困弱势群体，支持企业恢复生产和经济复苏，应对全球经济衰退的风险。国际货币基金组织通过紧急融资、政策建议和技术援助，确保受疫情影响的国家能够获得快速金融支持，并部署资金向成员国提供支持。这些国际经济组织担负起了促进全球经济协调，提供国际经济和金融援助，重振全球经济的使命。还有粮农组织等联合国专门机构、开发计划署和儿童基金会等联合国附属机构都发挥了各自独特的作用。在全球抗疫过程中，主权国家是核心力量，同时也更需要国际组织发挥协调作用，根据各自职能和专业素养参与疫情防控。但针对越来越严峻的非传统风险而言，这些国际机构应对非传统威胁措施仍然不够，更需要努力树立全周期管理意识，进一步加强国际合作的现代化城市治理。以世界卫生组织构筑现代化城市健康合作纽带为切入点，提出以下建议。

（一）建设有应变能力的卫生系统

此次新冠肺炎疫情之所以对许多城市和许多国家造成严重损害，其中很大一个原因就在于新冠肺炎发生突然、传染快、隐蔽性强、潜伏周期长，对其认识不足或者控制不到位，并且很多城市社区卫生体系以及很多国家卫生管理系统都十分薄弱。危机来临时，这些城市和国家没有储备能力进行有效和及时的应对，也就是其卫生系统缺乏应变能力。因此希望世界卫生组织在这些地区、国家建设或指导建设有应变能力的卫生系统。

（二）加强国际融资与战略性预算空间分配

财务问题关乎世界卫生组织的全局发展和治理效果，因此财务改革是世界卫生组织的改革重点与核心。甚至有相关专家认为："无论怎么强调财务改革的重要性都不为过，世界卫生组织无论何时都应该关注财务预算和改革进程的关系。"针对疫情中世界卫生组织的财务难题再度出现问题，世界卫生组织可以从以下两方面着手来缓解财务危机：首先，世界卫生组织在外部继续加强国际融资和调动可以利用的一切资源。其次世界卫生组织可以通过双管齐下的方式继续加强自愿捐款，一方面鼓励现有捐助主体继续捐款，在能力允许的情况下，加大捐助力度；另一方面，加大宣传鼓励更多捐助主体加入。世界卫生组织可以专门建立一个协调资源调动处，协助开展其融资与预算政策，用以更好保证阐明筹资重点和支持规划预算调动资源。

（三）加强发展中国家的卫生人力资源建设

世界卫生组织作为一个政府间的专业性国际组织，保证公平性是其组织生存的根本。"求各民族企达卫生之最高可能水准"是世界卫生组织一直奉行的宗旨，也是世界卫生组织的灵魂。新冠肺炎疫情短期不可能完全消灭，因此，国内和国际应急卫生工作人员需要长期部署应对，而管理大规模部署工作是非常复杂的。在调动必要人力应对疫情过程中，往往容易出现卫生工作者人数有限、卫生工作者缺乏训练和适当医疗设备等问题。而这些不足又更加容易存在于卫生基础设施更为薄弱的发展中国家，而发展中国家恰恰也是众多传染病和突发卫生事件容易滋生的地点。针对这些困难，世界卫生组织执行委员会可以针对具体情况制订一项计划，建立更广泛的、可以迅速有效部署的全球卫生应急队伍，为其配备充足资源，使其能在要求或接受这类援助的城市和国家中适当提供长时间服务。由于世界卫生组织的经费有限性，世界卫生组织不可能在短时间内提高所有发展中国家或欠发达地区的卫生医疗水平，因此其工作重点主要放在这些国家的卫生人力资源建设上，世界卫生组织今后应考虑分配更多的培训经费于这些国家的卫生事业上。

（四）加强现代化城市疫情防控体系与国际组织联结城市合作

现代化大城市的人口、产业、基础设施等高度集中，面对疫情带来的传染风险、危害和治理难度都不断提高，伦敦、纽约、新加坡、多伦多都曾遭受传染病的侵袭，同时也形成了各自的疫情防范城市治理经验和公共政策体系。为应对疫情传播，现代化大城市为保持开放以维持其格局和地位，需要积极调动最为接近个人层面的民间力量来实现治标治本。在防疫卫生协同方面，现代化大城市乃至其所属国家与各国疾控中心应密切合作，确保信息平衡。在疫情传播期间，以及疫情得到有效控制后，总结和分享经验，尽早完成疫情防控管理指南，形成统一有效的指导，为疫情知识储备和预警防控提供大力支持。

世界卫生组织可以指导、引领健康城市建设、疫情防控监管工作，形成现代化城市健康安全合作框架。框架中的多层次治理涉及全球或超国家、地区的不同层面、不同领域和不同功能的治理，这也是世卫组织针对不同层面的治理对象所对应规模的合作，满足多层次卫生需要和健康保障目标。疫情发生以来，习近平总书记作出重要指示，要全面做好同疫情防控相关的外交工作，做好同世界卫生组织、有关国家和地区的沟通协调，促进疫情信息共享和防控策略协调，争取国际社会理解和支持。

新冠肺炎疫情的全球蔓延反映了城市卫生与健康治理的迫切。城市之间差异导致其对共同目标的治理程度不同，这也是现代化城市治理建立城市网络加强国际合作的需求所在。在全球化发展趋势下，城市联盟或城市合作网络在现代化城市治理上起到网络组织枢纽的作用，成为成员国和协调机构的对口组织，并与区域合作组织政策目标保持一致，在创新、人道主义援助、最佳实践案例分享、伙伴关系维持，以及多部门合作方面起到关键作用。

疫情已成为全世界面临的棘手挑战，病毒不会让任何国家独善其身，团结合作是战胜疫情最有力的武器。在非传统风险出现时，大城市往往成为疫情重灾区。大城市作为国际交流的中心，已经日益成为引领世界政治、经济、文化发展的大都会。在推进全球治理现代化的进程中，大城市是促进地区间开放式协作、重新推动世界经济增长、实现社会公平的主要载体。进一步完善城市治理体系，并在推动城市治理现代化方面充分发挥典范和引领作用。

2020年9月8日，习近平总书记在全国抗击新冠肺炎疫情表彰大会上的讲话中指出，我们倡导共同构建人类卫生健康共同体，在国际援助、疫苗使用等方面提出一系列主张。中国以实际行动帮助挽救了全球成千上万人的生命，以实际行动彰显了中国推动构建人类命运共同体的真诚愿望！中国在国际事务中将始终做多边主义的践行者，积极参与全球治理体系改革和建设，坚定维护以联合国为核心的国际体系，坚定维护以国际法为基础的国际秩序，坚定维护联合国在国际事务中的核心作用，在联合国旗帜下，为推动构建新型国际关系和人类命运共同体不懈奋斗！

全球正面临着严峻的挑战，面临百年未有之大变局。在非传统风险面前，人类是休戚与共、风雨同舟的命运共同体。面对百年未有之大变局，非传统风险对现代化城市治理和国家安全构成的挑战日趋严峻，国与国之间只有在相互尊重、平等互利的基础上加强协调与合作，方能促进全人类的发展、繁荣与进步。

参考文献

一、专著类

1. ［美］伯尔曼：《法律与宗教》，梁治平译，商务印书馆2019年版。

2. 中国国际问题研究院编著：《国际形势和中国外交蓝皮书（2019）》，世界知识出版社2019年版。

3. 付立红、于魏华著：《税务机关突发事件应对》，东北财经大学出版社2018年版。

4. 金江军、郭英楼：《智慧城市大数据、互联网时代的城市治理》，电子工业出版社2018年版。

5. 李春林、田瑞华、洪向华：《全面增强执政本领》，中共党史出版社2018年版。

6. ［英］杰弗里·韦斯特：《规模：复杂世界的简单法则》，张培译，张江校，中国出版集团2018年版。

7. 徐钝：《国家治理语境下司法能力嵌入与生成原理》，武汉大学出版社2017年版。

8. ［日］山崎亮等：《全民参与社区设计的时代》，海洋出版社2017年版。

9. 中共中央文献研究室编：《习近平关于全面依法治国论述摘编》，

中央文献出版社2015年版。

10. 张永理:《公共危机管理》,武汉大学出版社2015年版。

11. 张澧生:《社会组织治理研究》,北京理工大学出版社2015年版。

12. 温秋阳著:《中国特色应急广播研究》,中国广播电视出版社2015年版。

13. 汪习根:《法治中国——民主法治精神举要》,中国人民大学出版社2014年版。

14. 习近平:《习近平谈治国理政》,外文出版社2014年版。

15. 乔仁毅、龚维斌主编:《政府应急管理》,国家行政学院出版社2014年版。

16. 蔡鑫主编,高峰、张静波副主编:《中国的转型》,中国人民大学出版社2014年版。

17. 朱瑞博:《突发事件处置与危机领导力提升研究》,中国法制出版社2013年版。

18. 叶裕民、杨宏山:《数字化城市与政府治理创新》,中国人事出版社2012年版。

19. 全国党的建设研究会主编:《全国党的建设研究会2008年自选课题优秀调研成果选编》,中央文献出版社2010年版。

20. 张卫东:《新制度经济学》,东北财经大学出版社2010年版。

21. 修文群:《城镇化数字管理》,中国人民大学出版社2010年版。

22. 杨宏山、齐建宗:《数字化城市管理模式》,中国人民大学出版社2009年版。

23. 张成福:《公共危机管理理论与实务》,中国人民大学出版社2009年版。

24. 竺乾威:《公共行政理论》,复旦大学出版社2008年版。

25. 童星、张海波等：《中国转型期的社会风险及识别——理论探讨与经验研究》，南京大学出版社 2007 年版。

26. 斯亚平：《公共危机管理体系研究》，知识产权出版社 2007 年版。

27. 汪永清主编：《中华人民共和国突发事件应对法解读》，中国法制出版社 2007 年版。

28. ［美］米切尔·古尔维奇：《大众媒介与社会》，杨击译，华夏出版社 2006 年版。

29. 俞可平：《民主是个好东西——俞可平访谈录》，社会科学文献出版社 2006 年版。

30. 林尚立：《执政的逻辑：政党、国家与社会》，上海辞书出版社 2005 年版。

31. 胡百精：《危机传播管理》，中国传媒大学出版社 2005 年版。

32. ［德］乌尔里希·贝克：《风险社会》，何博闻译，译林出版社 2004 年版。

33. ［美］斯蒂尔曼二世：《公共行政学：概念与案例》，竺乾威等译，中国人民大学出版社 2004 年版。

34. ［美］威廉姆·A. 尼斯坎南：《官僚制与公共经济学》，王浦劬等译，中国青年出版社 2004 年版。

35. ［美］约翰·W. 金登：《议程、备选方案与公共政策》，丁煌、方兴译，北京大学出版社 2004 年版。

36. 罗豪才等：《现代行政法的平衡理论（第二辑）》，北京大学出版社 2003 年版。

37. 杨伟东：《行政行为司法审查强度研究》，中国人民大学出版社 2003 年版。

38. ［德］哈贝马斯：《在事实与规范之间》，童世骏译，生活·读书·新知三联书店 2003 年版。

39. ［德］马克思、恩格斯：《马克思恩格斯全集（第 1 卷·上）》，人民出版社 2002 年版。

40. ［美］斯图尔特：《美国行政法的重构》，沈岿译，商务印书馆 2002 年版。

41. 陆印、周直主编：《依法治市的理论与实践》，南京出版社 2001 年版。

42. 俞可平：《治理与善治》，社会科学文献出版社 2000 年版。

43. ［德］哈贝马斯：《公共领域的结构转型》，曹卫东等译，学林出版社 1999 年版。

44. ［英］迈克尔·里杰斯特：《危机公关》，陈向阳、陈宁译，复旦大学出版社 1995 年版。

45. 孟德斯鸠：《论法的精神（上）》，许明龙译，商务印书馆 1961 年版。

二、论文类

1. 郑长忠：《"全周期管理"释放城市治理新信号》，载《人民论坛》2020 年第 18 期。

2. 陈少威、贾开：《数字化转型背景下中国环境治理研究：理论基础的反思与创新》，载《电子政务》2020 年第 10 期。

3. 赵光辉、李玲玲：《"人工智能＋交通"应用场景与实例》，载《理论与政策》2020 年第 9 期。

4. 黄新根：《党建引领基层治理创新研究》，载《大连干部学刊》2020 年第 9 期。

5. 黄建:《引领与承载:全周期管理视域下的城市治理现代化》,载《学术界》2020年第9期。

6. 习近平:《在湖北省考察新冠肺炎疫情防控工作时的讲话》,载《求是》2020年第7期。

7. 刘馨蔓:《我国城镇化进程中的公共安全风险及对策探讨》,载《劳动保护》2020年第7期。

8. 胡明:《习近平法治思想:新时代中国法治战略的总指引》,载《政法论坛》2020年第6期。

9. 布成良:《党建引领基层社会治理的逻辑与路径》,载《社会科学》2020年第6期。

10. 丁晓钦、柴巧燕:《数字资本主义的兴起及其引发的社会变革——兼论社会主义中国如何发展数字经济》,载《毛泽东邓小平理论研究》2020年第6期。

11. 李庆勇:《新时代城乡基层治理体系和治理能力现代化存在的问题及对策》,载《中文信息》2020年第5期。

12. 王洛忠等:《公共卫生危机事件处置中政府协同机制研究——以新冠疫情防控为例》,载《北京航空航天大学学报(社会科学版)》2020年第5期。

13. 祝灵君:《党领导基层社会治理的基本逻辑研究》,载《中共中央党校(国家行政学院)学报》2020年第4期。

14. 曹劲松、曹鲁娜:《突发公共卫生事件下的信息沟通与传播治理》,载《南京社会科学》2020年第4期。

15. 惠东坡、杨欣:《央视〈战疫情特别报道〉舆论引导路径初探》,载《当代电视》2020年第4期。

16. 周佑勇、朱峥:《风险治理现代化中的公民知情权保障》,载《比较法研究》2020年第3期。

17. 午言：《中国特色社会治理的发展之路》，载《实践（党的教育版）》2020年第3期。

18. 王桂新：《超大城市治理的几个问题》，载《中国领导科学》2020年第3期。

19. 宁鑫、傅慧芳：《乡村治理现代化进程中农村基层党组织整体功能建设研究》，载《石家庄铁道大学学报（社会科学版）》2020年第3期。

20. 张文显：《新时代社会治理的理论、制度和实践创新》，载《法商研究》2020年第2期。

21. 黄匡时、贺丹等：《数字人口在疫情防控中的应用——以2019年新型冠状病毒肺炎疫情防控为例》，载《中国数字医学》2020年第2期。

22. 陆军、黄伟杰等：《智慧网格创新与城市公共服务深化》，载《南开学报（哲学社会科学版）》2020年第2期。

23. 郭建、孙惠莲：《基层党组织在社会治理中领导核心作用发挥途径研究》，载《河北经贸大学学报（综合版）》2020年第1期。

24. 曹惠民：《治理现代化视角下的城市公共安全风险治理研究》，载《湖北大学学报（哲学社会科学版）》2020年第1期。

25. 师林、孔德永：《制度－效能：基层党建引领社区治理的创新实践——以天津市"战区制、主官上、权下放"模式为例》，载《中共天津市委党校学报》2020年第1期。

26. 李永娜、袁校卫：《新时代城市社区治理共同体的建构逻辑与实现路径》，载《云南社会科学》2020年第1期。

27. 孔昕：《坚持中国共产党领导是中国特色社会主义制度和国家治理体系的本质特征》，载《新湘评论》2019年第22期。

28. 龚云：《以提升组织力为重点　提高基层治理能力》，载《中国党政干部论坛》2019年第11期。

29. 荀明俐、赵雪:《新时代基层党建引领社会治理创新》,载《齐齐哈尔大学学报(哲学社会科学版)》2019年第7期。

30. 胡建华、华丽珊:《跨区域公共危机协同治理的逻辑:基于理论、实践和制度的解释》,载《江西理工大学学报》2019年第6期。

31. 习近平:《加强党对全面依法治国的领导》,载《求是》2019年第4期。

32. 高庑源、张桂蓉等:《公共危机次生型网络舆情危机产生的内在逻辑——基于40个案例的模糊集定性比较分析》,载《公共行政评论》2019年第4期。

33. 谌玉洁:《嵌入性视角下农村基层党组织提升治理能力的困境及应对策略》,载《中共福建省委党校学报》2019年第4期。

34. 张智新、孙严:《公共危机中多元主体协同治理机制探究——以北京市"11·18"火灾为例》,载《行政管理改革》2019年第4期。

35. 韩志明:《寻找个人知识:现代国家治理的知识逻辑》,载《南京社会科学》2019年第3期。

36. 黄建伟、陈玲玲:《国内数字治理研究进展与未来展望》,载《理论与改革》2019年第1期。

37. 朱周谊:《新媒体背景下地方政府危机沟通的困境及应对策略》,华东政法大学,2019年硕士学位论文。

38. 韩志明:《从官僚知识到个人知识——国家治理转向的知识逻辑》,载《中国行政管理》2018年第6期。

39. 刘炳辉、郭晓琳:《速度、结构与情感:信息技术与社会治理的复杂互动——以当代中国流动人口治理问题为例》,载《新视野·流动人口治理》2018年第6期。

40. 徐丙祥：《新时代提升基层党组织组织力的思考》，载《中共福建省委党校学报》2018年第4期。

41. 周芳检、何振：《大数据时代城市公共危机治理的新态势》，载《吉首大学学报（社会科学版）》2018年第4期。

42. 王华：《从六个方面提升基层党组织组织力》，载《中国党政干部论坛》2018年第3期。

43. 蔡文成：《基层党组织与乡村治理现代化：基于乡村振兴战略的分析》，载《理论与改革》2018年第3期。

44. 刘炳辉：《超级郡县国家：人口大流动与治理现代化》，载《文化纵横》2018年第2期。

45. 王学飞：《非常规突发事件中的群体性恐慌治理研究》，中国石油大学，2018年硕士学位论文。

46. 李友梅：《中国社会治理的新内涵与新作为》，载《社会学研究》2017年第6期。

47. 夏志强、谭毅：《城市治理体系和治理能力建设的基本逻辑》，载《上海行政学院学报》2017年第5期。

48. 沈振江、李苗裔等：《日本智慧城市建设案例与经验》，载《规划师》2017年第5期。

49. 吕方、梅琳：《"复杂政策"与国家治理——基于国家连片开发扶贫项目的讨论》，载《社会学研究》2017年第3期。

50. 余潇枫、王梦婷：《非传统安全共同体：一种跨国安全治理的新探索》，载《国际安全研究》2017年第1期。

51. 沈筱芳：《党的领导与基层社会治理研究》，中共中央党校，2017年博士学位论文。

52. 韩璐：《公共危机协同治理研究》，南京师范大学，2017年硕士学位论文。

53. 刘学华、赖丹馨等：《新加坡智慧城市发展规划》，载《中国建设信息化》2016年第9期。

54. 李志、兰庆庆：《公民网络政策参与的制度化沟通及其实现路径——基于2015年网络六大舆情的分析》，载《中国行政管理》2016年第6期。

55. 曹锦清、刘炳辉：《郡县国家：中国国家治理体系的传统及其当代挑战》，载《东南学术》2016年第6期。

56. 张玉磊：《跨界公共危机与中国公共危机治理模式转型：基于整体性治理的视角》，载《华东理工大学学报（社会科学版）》2016年第5期。

57. 王彩平：《政府危机沟通中的问题与对策分析》，载《晋阳学刊》2016年第5期。

58. 朱崇羿：《新时期我国网格化管理研究综述》，载《农村经济与科技》2016年第3期。

59. 王彦平：《中国基层社会治理及创新研究——以山西省H县为例》，山西大学，2016年硕士学位论文。

60. 徐迪、赵连章：《社区治理中基层党组织建设的功能、挑战与对策》，载《社会科学战线》2015年第9期。

61. 常杪、冯雁等：《环境大数据概念、特征及在环境管理中的应用》，载《中国环境管理》2015年第6期。

62. 何增科：《城市治理评估的初步思考》，载《华中科技大学学报（社会科学版）》2015年第4期。

63. 李艳萍：《基于大数据的公共信息预警机制探析》，载《图书馆学刊》2015年第2期。

64. 张文显：《全面推进依法治国的伟大纲领——对十八届四中全会精神的认知与解读》，载《法制与社会发展》2015 年第 1 期。

65. 习近平：《加快建设社会主义法治国家》，载《求是》2015 年第 1 期。

66. 刘建军、马彦银：《层级自治：行动者的缺席与回归——多中心治理视野下的城市基层治理研究》，载《杭州师范大学学报（社会科学版）》2015 年第 1 期。

67. 董宏伟、寇永霞：《智慧城市的批判与实践——国外文献综述》，载《城市规划》2014 年第 11 期。

68. 刘倩：《国家治理现代化视域下地方政府危机管理困境及其破解》，载《云南行政学院学报》2014 年第 6 期。

69. 晁亚男、毕强、辛立艳：《政府危机决策中信息预警机制研究》，载《情报理论与实践》2014 年第 6 期。

70. 唐兴盛：《政府"碎片化"：问题、根源与治理路径》，载《北京行政学院学报》2014 年第 5 期。

71. 王浦劬：《国家治理、政府治理和社会治理的含义及其相互关系》，载《国家行政学院学报》2014 年第 3 期。

72. 郑言、李猛：《推进国家治理体系与国家治理能力现代化》，载《吉林大学社会科学学报》2014 年第 2 期。

73. 陈荣、卓唐鸣：《农村基层治理能力与农村民主管理》，载《华中师范大学学报（人文社会科学版）》2014 年第 2 期。

74. 许智奇：《政府在公共危机管理中的信息发布研究》，浙江师范大学，2014 年硕士学位论文。

75. 蓝蔚青：《枫桥经验是实事求是思想路线的产物》，载《观察与思考》2013 年第 11 期。

76. 孙黎海：《基层服务型党组织建设的理论架构》，载《理论学刊》2013年第8期。

77. 李宏斌、钟瑞添：《中国当代社会转型的内容、特点及应然趋向》，载《科学社会主义》2013年第4期。

78. 钟龙彪：《服务型基层党组织建设的现状分析与理论思考》，载《长白学刊》2013年第2期。

79. 孙宏超：《美国迪比克：科技武装的社区》，载《中国经济和信息化》2013年第2期。

80. 辜胜阻、杨建武等：《当前我国智慧城市建设中的问题与对策》，载《中国软科学》2013年第1期。

81. 张海涛、支凤稳、刘阔、翁毓琦：《政府公共危机信息预警流程与控制研究》，载《图书情报工作》2012年第17期。

82. 刘红岩：《国内外社会参与程度与参与形式研究述评》，载《中国行政管理》2012年第7期。

83. 杨安华、童星、王冠群：《跨边界传播：现代危机的本质特征》，载《浙江大学学报（人文社会科学版）》2012年第6期。

84. 罗力：《政府公共危机管理中信息预警能力评价指标体系研究》，载《重庆大学学报（社会科学版）》2012年第5期。

85. 渠敬东：《项目制：一种新的国家治理体制》，载《中国社会科学》2012年第5期。

86. 陈文新：《基层党组织：社会管理创新的政治资源》，载《理论与改革》2012年第4期。

87. 陈艳红、黄佳慧：《政府应急信息发布中政府、媒体与公众关系研究综述》，载《档案学研究》2012年第3期。

88. 沙勇忠、钦晖：《社区灾害预警的分析维度及集成框架》，载《甘肃社会科学》2012 年第 2 期。

89. 黄健荣、胡建刚：《公共危机治理中政府决策能力的反思与前瞻》，载《南京社会科学》2012 年第 2 期。

90. 贺东航、孔繁斌：《公共政策执行的中国经验》，载《中国社会科学》2011 年第 5 期。

91. 史璐：《智慧城市的原理及其在我国城市发展中的功能和意义》，载《中国科技论坛》2011 年第 5 期。

92. 王权典、刘信洪、曾琥：《城镇化转制社区治理机制转型之法律探微》，载《法治论坛》2011 年第 3 期。

93. 廖卫民：《社会恐慌的传播机制与治理对策研究——基于谣"盐"风波的理论分析》，载《当代传播》2011 年第 3 期。

94. 金丹：《我国公共危机预警机制研究》，南京师范大学，2011 年硕士学位论文。

95. 张玉亮：《政府公共危机信息预警能力评价指标体系研究》，载《图书情报工作》2010 年第 23 期。

96. 舒小庆：《网络监督：人民当家作主的新途径》，载《求实》2010 年第 11 期。

97. 巫细波、杨再高：《智慧城市理念与未来城市发展》，载《城市发展研究》2010 年第 11 期。

98. 谭海波、蔡立辉：《论"碎片化"政府管理模式及其改革路径——"整体型政府"的分析视角》，载《社会科学》2010 年第 8 期。

99. 谢宜甜：《电子政务语境下政府善治中的公民参与》，载《理论观察》2010 年第 5 期。

100. 李志宏、王海燕、白雪：《基于网络媒介的突发性公共危机信息传播仿真和管理对策研究》，载《公共管理学报》2010 年第 1 期。

101. 王欢、郭玉锦：《网络公共领域的功能与局限性》，载《理论前沿》2009年第20期。

102. 杨宏山：《数字化城市管理的制度分析》，载《城市发展研究》2009年第1期。

103. 蒋福容：《我国公共决策中的专家参与问题及对策研究》，中国海洋大学，2009年硕士学位论文。

104. WU Wenxiang& HUANG Haijun，Departure Time and Mode Choice for the Morning Commute in a Highway/Railway Network，2009 International Joint Conference on Computational Sciences and Optimization，pp.127-131（2009）.

105. 王锡锌：《公众参与、专业知识与政府绩效评估的模式——探寻政府绩效评估模式的一个分析框架》，载《法制与社会发展》2008年第6期。

106. 孙杰贤：《新加坡iN2015计划完全解读》，载《通讯世界》2007年第7期。

107. 张小明：《论公共危机事前风险管理与评估》，载《北京科技大学学报（社会科学版）》2007年第1期。

108. 孙立平：《和谐社会：用制度规范利益表达》，载《理论参考》2006年第2期。

109. 徐晓林、刘勇：《数字治理对城市政府善治的影响研究》，载《公共管理学报》2006年第1期。

110. 陈平：《数字化城市管理模式探析》，载《北京大学学报》2006年第1期。

111. 刘燕：《"专家责任"若干基本概念质疑》，载《比较法研究》2005年第5期。

112. 白玉博：《试论依法治市的概念》，载《中国司法》2004 年第 6 期。

113. 马永侠、武宏志：《诉诸权威的论证及其评估——以批判性问题为工具》，载《社会科学辑刊》2002 年第 4 期。

114. 罗豪才、宋功德：《行政法的失衡与平衡》，载《中国法学》2001 年第 2 期。

115. 汪习根：《论依法治市的模式》，载《政治与法律》1998 年第 3 期。

116. Berle, The Expansiong of American Administrative Law, Harvard Law Review, Vol.30, pp.430–431（1917）.

三、报纸类

1. 胡明：《深刻认识习近平法治思想的重大意义》，载《人民日报》2020 年 12 月 15 日。

2. 牟广东：《深刻理解党的领导是中国特色社会主义的最本质特征》，载《沈阳日报》2020 年 8 月 13 日。

3.《习近平在参加湖北代表团审议时强调　整体谋划系统重塑全面提升　织牢织密公共卫生防护网》，载《人民日报》2020 年 5 月 25 日。

4. 立言：《以"全周期管理"思维推进超大城市治理》，载《成都日报》2020 年 3 月 18 日。

5. 习近平：《在统筹推进新冠肺炎疫情防控和经济社会发展工作部署会议上的讲话》，载《人民日报》2020 年 2 月 23 日。

6. 林伯海：《以党建为引领构建基层社会治理新格局》，载《四川日报》2019 年 12 月 12 日。

7. 马建新:《以基层党建引领社会治理创新》,载《河南日报》2019年11月27日。

8.《常州网格化社会治理实现"数据一网通"》,载《新华日报》2019年4月2日。

9. 习近平:《在庆祝改革开放40周年大会上的讲话》,载《人民日报》2018年12月19日。

10.《脱贫攻坚,福建在行动》,载《福建日报》2018年10月17日。

11.《中共中央、国务院关于加强和完善城乡社区治理的意见》,载《人民日报》2017年6月13日。

12.《习近平在中国政法大学考察时强调　立德树人德法兼修抓好法治人才培养　励志勤学刻苦磨炼促进青年成长进步》,载《人民日报》2017年5月4日。

13. 习近平:《在参加十二届全国人大五次会议上海代表团审议时的讲话》,载《人民日报》2017年3月6日。

14.《习近平在省部级主要领导干部学习贯彻十八届三中全会精神全面深化改革专题研讨班开班式上发表重要讲话》,载《人民日报》2014年2月18日。

四、网络文献类

1.《树立全周期管理意识　探索超大城市现代化治理新路子》,载人民论坛网,2020年4月7日。

2.《树立全周期管理意识　为超大城市现代化治理奠定思想基础和前瞻性思维模式》,载《长江日报(求知)》2020年6月26日,第8版。

3. WeCity未来城市:《重构理解城市的框架——对话杰弗里·韦斯

特》，载微信公众号"腾讯研究院"，2020 年 11 月 4 日。

4.《中共中央关于制定国民经济和社会发展第十四个五年规划和二〇三五年远景目标的建议》，载新华网客户端 2020 年 11 月 3 日。

5.《习近平在深圳经济特区建立 40 周年庆祝大会上的讲话》，载新华网客户端 2020 年 10 月 14 日。

6.《习近平在第七十五届联合国大会一般性辩论上发表重要讲话》，载新华网 2020 年 9 月 23 日。

7.《习近平在全国抗击新冠肺炎疫情表彰大会上发表重要讲话》，载新华网 2020 年 9 月 8 日。

8. 王石川：《智理·制理·知理：城市治理现代化应有之义》，载光明网 2020 年 9 月 15 日。

9.《重磅！2020 年中国及 31 省市智慧城市最新政策及规划汇总（全）》，载搜狐网 2020 年 6 月 21 日。

10. 姜晓萍：《构建城乡基层治理新格局》，载求是网 2020 年 5 月 21 日。

11. 弘文：《着力完善城市治理体系》，载求是网 2020 年 5 月 10 日。

12.《打造高效、精准、智慧的城市治理体系 徐汇区城市运行"一网统管"3.0 版年内上线》，载中国政府网 2020 年 4 月 30 日。

13.《常州："互联网＋防控＋服务"赋能数字政府建设》，载中国江苏网 2020 年 4 月 7 日。

14.《习近平在浙江考察时强调 统筹推进疫情防控和经济社会发展工作 奋力实现今年经济社会发展目标任务》，载新华网 2020 年 4 月 1 日。

15.《天津市河西区政府智慧城市大屏可视化决策系统》，载腾讯网 2020 年 3 月 26 日。

16. 郑永年：《疫情与全球政治危机》，载腾讯网 2020 年 3 月 17 日。

17.《以"全周期管理"为钥，习近平为城市治理固本强基》，载中国新闻网 2020 年 3 月 12 日。

18. 习近平：《在统筹推进新冠肺炎疫情防控和经济社会发展工作部署会议上的讲话》，载新华网 2020 年 2 月 23 日。

19.《国家电网全力筑牢抗"疫"物资保障线》，载中国电力新闻网 2020 年 2 月 19 日。

20. 舒抒：《徐汇深化城市运行"一网统管" 智慧网格化 2.0 城运平台启动》，载东方网 2020 年 1 月 3 日。

21. 王洁敏：《让问题"无处可藏" 徐汇区智慧网格化 2.0 开启城市治理新篇章》，载东方网 2020 年 1 月 2 日。

22.《习近平在省部级主要领导干部坚持底线思维着力防范化解重大风险专题研讨班开班式上发表重要讲话》，载中国政府网 2019 年 1 月 21 日。

23.《"合肥交通超脑计划"出炉》，载澎湃新闻网 2018 年 12 月 19 日。

24.《智慧城市发展案例之美国篇》，载腾讯网 2018 年 2 月 28 日。

25.《宜昌市全面推进"雪亮工程"与网格管理深度融合》，载中国政府网 2017 年 6 月 2 日。

26.《重庆移动积极参与服务城市规划建设》，载人民网 2017 年 5 月 17 日。

27.《重庆已在全国率先探索建立注册登记检测预警机制》，载人民网 2016 年 9 月 22 日。

28.《案例 | 韩国：以网络为基础打造的无缝移动连接型智慧城市》，载维科号 2016 年 3 月 23 日。

29.《习近平总书记在江苏调研》，载中国江苏网 2014 年 12 月 14 日。

30.《南山全区推广"一格三员"维稳模式》，载新浪网 2009 年 4 月 10 日。

五、文件类

1.《法治社会建设实施纲要（2021—2025）》，2020 年 12 月 7 日发布。

2. 中国互联网络信息中心：《第 46 次中国互联网络发展情况统计报告》，2020 年 9 月 29 日发布。

3. 国家统计局：《中华人民共和国 2019 年国民经济和社会发展统计公报》，2020 年 2 月 28 日发布。

4. 中国共产党中央委员会：《中国共产党第十九届中央委员会第四次全体会议公报》，2019 年 10 月 31 日发布。

5. 中华人民共和国生态环境部：《2018 年中国生态环境公报》，2019 年 5 月 29 日发布。

6.《中共中央、国务院关于进一步加强城市规划建设管理工作的若干意见》，2016 年 2 月 6 日发布。

7.《中共中央、国务院关于深入推进城市执法体制改革改进城市管理工作的指导意见》，2015 年 12 月 24 日发布。

后　记

本书在写作过程中,武汉学院法学院邓相花副教授、新疆大学法学院和武汉大学法学院联合培养的20级博士研究生生李思昊、武汉大学法学院19级硕士研究生吴佩璇、侯燕玲、马羽恬、新疆大学法学院19级硕士研究生姚雅丽等做了大量协助,承担了收集文献、整理和撰写相关章节工作,在此一并感谢!

书中难免存在许多不足之处,希望广大读者能够提出宝贵意见,以便修改完善。

2020年10月于武汉大学法学院完成初稿
2022年5月19日于新疆大学红湖校区博士后公寓完成终稿